Experiencing Chinese

国际语言研究与发展中心

体验汉语®

学生用书
高中

Student Book
High School
1A

高等教育出版社
Higher Education Press

前言

欢迎使用《体验汉语》高中系列教材。

《体验汉语》高中系列教材是在中国国家汉语国际推广领导小组办公室（简称汉办）的合作与帮助下，由“国际语言研究与发展中心”专门为北美高中学生编写的系列汉语教材。

一、适用对象

本系列教材为零起点高中学生编写，适用对象包括公立与私立中学9—12年级选修汉语课的学生，或15—18岁的汉语学习者，也可用于其他相应水平的汉语教学。

二、设计思想

本系列教材提倡体验式教学方法，创造快乐学习氛围，贴近学生真实生活，培养实用交际能力等。

为了实现这些目标，编者充分借鉴并应用第二语言习得理论的最新研究成果，汲取任务型教学法、交际教学法和听说教学法等各教学法之长，并注重本地化原则，遵循外语教学大纲的“交际、文化、触类旁通、文化比较和社区”五个C (Communication, Culture, Connection, Comparison and Community) 原则，针对高中学生汉语学习的条件和特点，在话题、功能、语法、课文内容和练习形式等方面进行了有益的尝试。

三、教材构成

本系列教材包括学生用书、练习册和教师用书，并配以MP3光盘和其他多媒体教学资源。本书为《体验汉语》高中教材学生用书第1册，由预备课“你好”、语音课和10课组成。每课包括热身、表达、扩展、听力和汉字5个部分，每两课后编排了复习课，便于学生及时复习、巩固并掌握所学内容。本书的参考讲授学时为50学时。

四、编写特色

1. 培养目标

本系列教材以培养高中学生汉语听说读写基本技能和基本交际能力为目标，以学生的实际生活为主要内容，注重培养学生学习汉语的兴趣，使学生具有持续学习汉语的愿望。

2. 学习内容

本系列教材表达和扩展部分的内容以学生最熟悉和最重要的学校生活及相关社会生活为主，帮助学生解决学习和生活中的实际问题。对话短小、精练、典型，便于学生朗读和背诵；语言风趣、幽默，尽量使学生体验到学习汉语的乐趣；文化内容蕴含其中，使学生在学习过程中逐渐加深对中国文化的了解。

3. 活动形式

本系列教材的学习内容由各项活动组成，活动设计简单、明了，并注重其多样性和层次性。表达部分的活动侧重于句型的练习和掌握，扩展部分的活动侧重于语言的交际和运用，活动形式包括两人活动、小组活动、全班活动、角色扮演、模仿表演、小调查和小制作等。

4. 汉字学习

本系列教材的汉字学习采用“多认少写，认写分流，逐渐达到认写合流”的模式。汉字认读从汉字的基本笔画和笔顺入手，逐步增加汉字的构字规律，从而打下坚实的汉字基本功。汉字的书写由浅入深，由简单到复杂，以便达到认写同步。同时，本系列教材还设计了“电脑打字”练习，有利于学生在高科技的现代生活中学习和使用汉语，增强了学习的实用性。

5. 版式设计新颖

本系列教材的版式设计生动活泼、图文并茂。针对高中学生的学习特点，采用了绘图、图片、照片等形式，使内容更加真实、生动。

感谢中国教育部国际合作司和中国国家汉办给予的大力支持和指导。感谢 Harry Gao 先生对本系列教材所做的英语审订工作。

最后，我们愿以这套教材与汉语学习者分享学习汉语的快乐，祝愿你们获得更丰富的体验、更成功的人生！

国际语言研究与发展中心

2008年5月

Contents

Structures	Vocabulary	Pronunciation	Activities
1. Word order in a Chinese sentence 2. Sentences with a verbal predicate	Greetings	a o e b p m f	Greet classmates and tell them your name
	Expressions of names	i u ü d t n l	Make a name tant
1. Sentences with “是” 2. Answers with “yes” or “no” 3. “Yes-no” questions with the particle word “吗” 4. Attributes expressing possession	Personal pronouns	ai ei ui g k h	Role play
	Stationery	j q x	Answer with your own information
1. Questions with an interrogative pronoun 2. Numbers 1—50	Family members Professions 1	ao ou iu zh ch sh r	Role play
	Objects Locations	z c s	Draw a picture of your room and describe it
1. “的” sentences 2. Exclamatory sentences: 真……! 3. Sentences with “有” 4. Abbreviated questions with the particle word “呢”	Colors	ie üe er	Game: Find the color
	Animals	an en in	Act out animals
1. Sentences with an adjectival predicate and the adverb “很” 2. The position of the adverb “都” in sentences	Appearances	ang eng ing ong	Q&A game
	Professions 2 Likes and dislikes	un ün	Make cards for celebrities

目录 mùlù

语法结构	词	发　音	活　动
1. 汉语的语序 2. 动词谓语句	问候语	a o e b p m f	向同学问好并介绍自己
	名字的表达方式	i u ü d t n l	制作中文名签
1. “是”字句 2. 肯定回答“是”和否定回答“不是” 3. 用“吗”的是非问句 4. 表示领属关系的定语	人称代词	ai ei ui g k h	角色扮演
	学习用品	j q x	根据实际情况问答
1. 用疑问代词的问句 2. 数字1—50	家庭成员 职业名称 1	ao ou iu zh ch sh r	角色扮演
	物品名称 方位词	z c s	画房间图片并描述
1. “的”字结构 2. 感叹句：真……！ 3. “有”字句 4. 用“呢”构成的省略式问句	颜色	ie üe er	游戏：找颜色
	动物名称	an en in	表演动物
1. 形容词谓语句和副词“很” 2. “都”的位置	外貌特征	ang eng ing ong	问答游戏
	职业名称 2 好恶的表达方式	un ün	制作名人卡片

你 好
nǐ hǎo

Hello

- Welcome to *Experiencing Chinese!*
  欢迎学习《体验汉语》！
- Experiencing Chinese, Experiencing Happiness and Experiencing Success!
  体验汉语，体验快乐，体验成功！

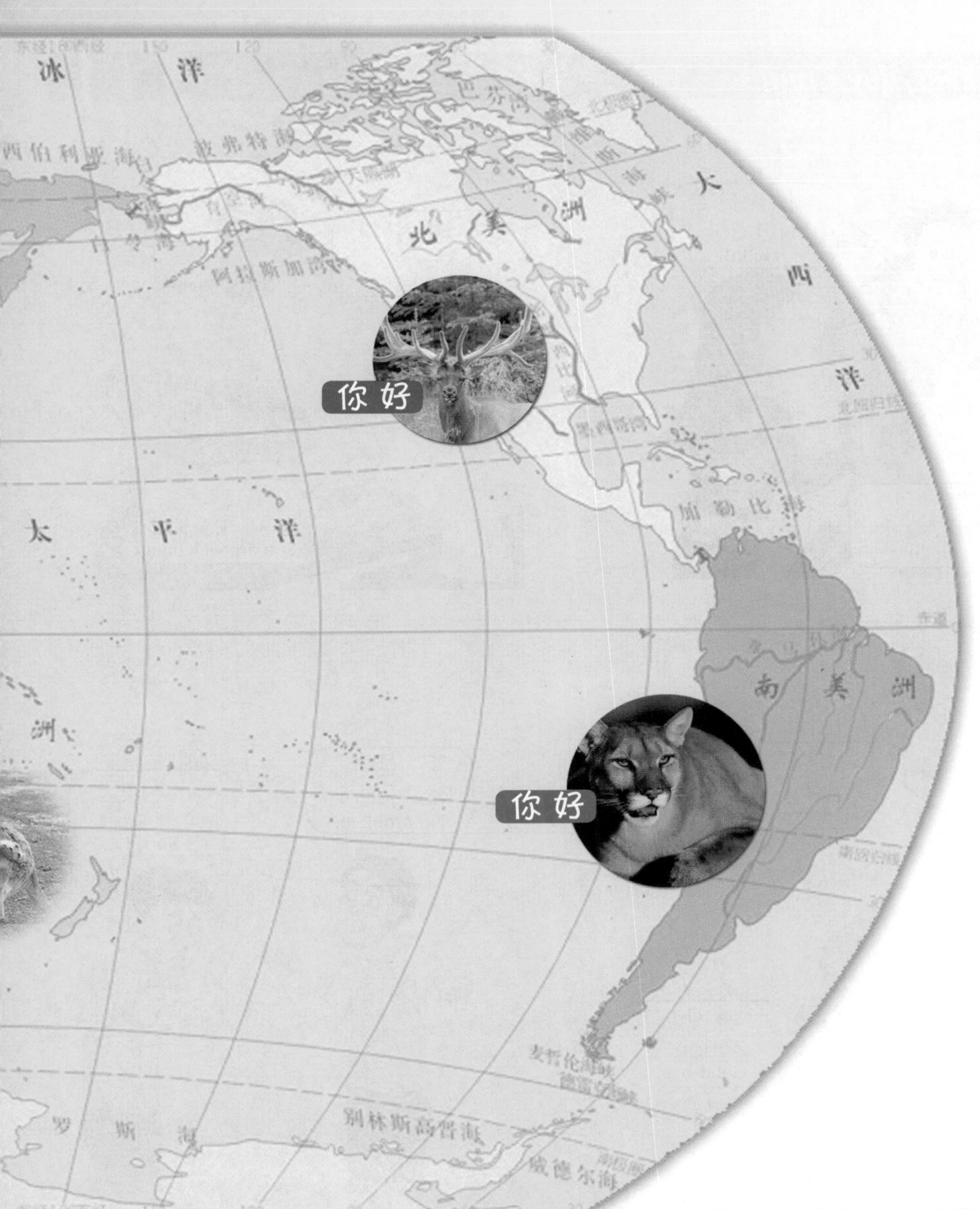
冰
洋
巴芬湾
波弗特海
大
西
洋
北
美
洲
阿拉斯加湾
你好
太
平
洋
加勒比海
南
美
洲
你好
麦哲伦海峡
罗
斯
海
别林斯高晋海
威德尔海

Everyday Chinese 日常用语

Numbers 数字

1 一 yī one	2 二 èr two	3 三 sān three	4 四 sì four	5 五 wǔ five
6 六 liù six	7 七 qī seven	8 八 bā eight	9 九 jiǔ nine	10 十 shí ten

Chinese Characters 汉字

The Evolution of Chinese Characters
汉字的演变

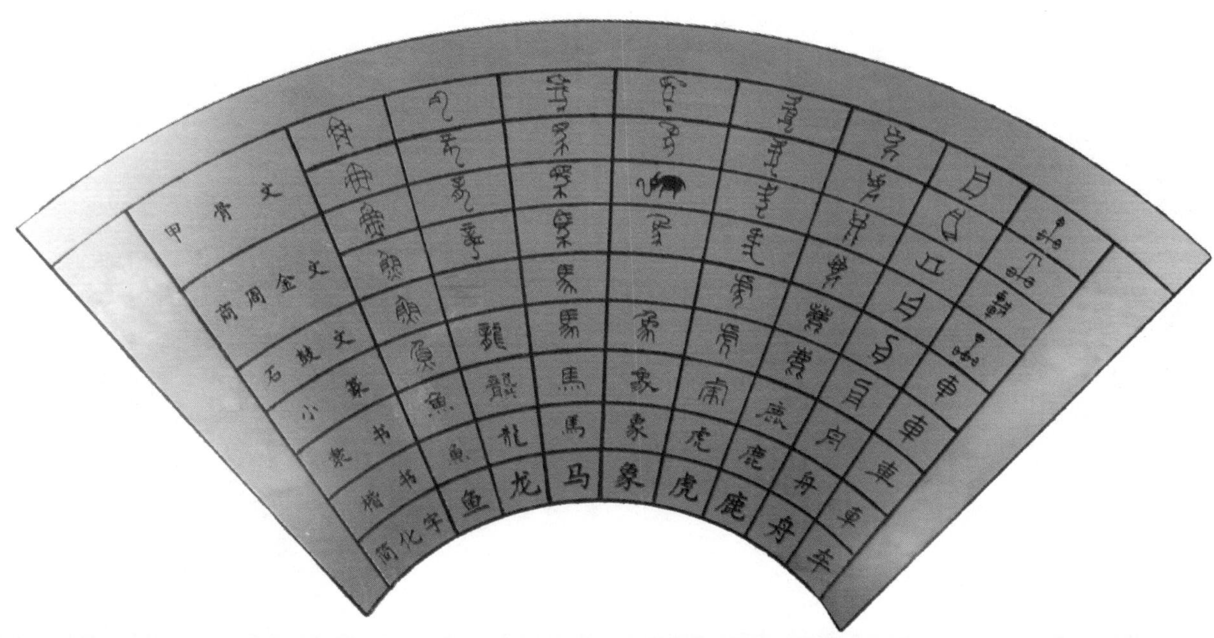

The Basic Strokes of Chinese Characters
汉字基本笔画

Stroke 笔画	Name 名称	Example 例字	How to Write 运笔方向
丶	diǎn	六	The dot is written from top to bottom-right, as in the first stroke of "六".
一	héng	一	The horizontal stroke is written from left to right.
丨	shù	木	The vertical stroke is written downward from top to bottom, as in the second stroke of "木".
丿	piě	力	The downward-left stroke is written from top to bottom-left, as in the second stroke of "力".
㇏	nà	八	The downward-right stroke is written from top to bottom-right, as in the second stroke of "八".
㇀	tí	江	The upward stroke is written from bottom-left to top-right, as in the third stroke of "江".

Pronunciation

语音课

yǔyīnkè

Objectives
学习目标

In this Lesson, you'll learn how to

- pronounce initials, finals and tones in Chinese *Pinyin*;
- recognize and pronounce Chinese syllables.

在本课，你应学会：

1. 汉语拼音的声母、韵母和声调；
2. 认读汉语的音节。

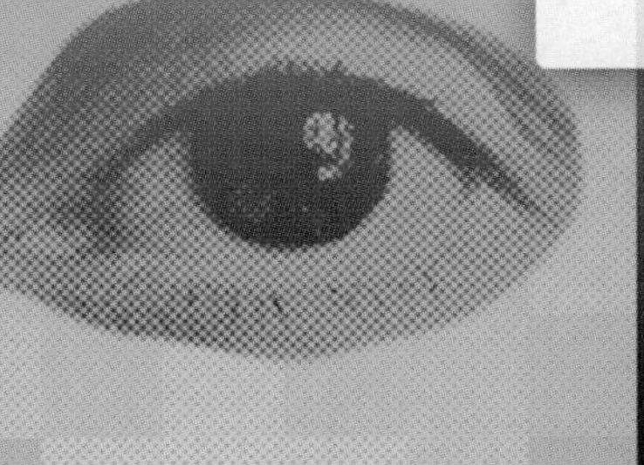
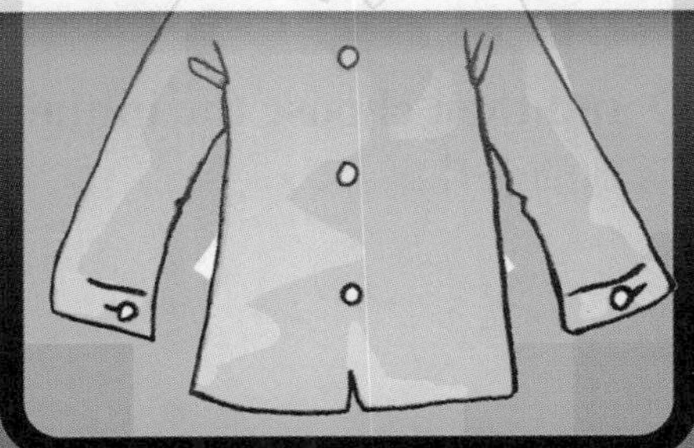

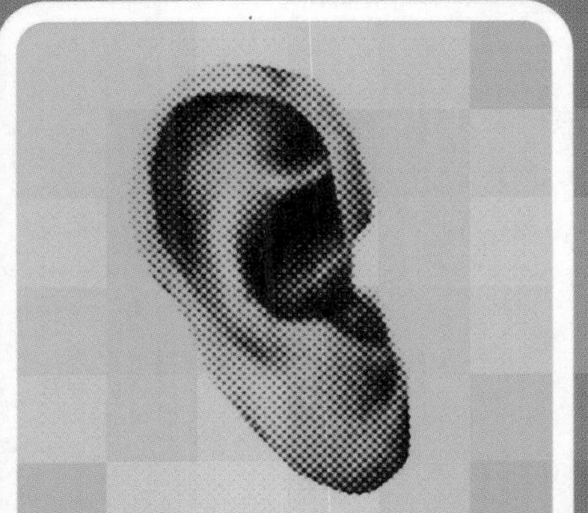
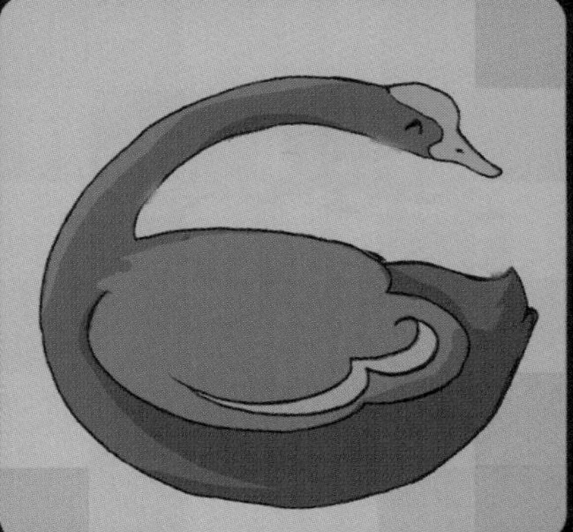

Initials 声母

1 Pronounce and learn.
读一读，认一认。

b	p	m	f
d	t	n	l
g	k	h	
j	q	x	
zh	ch	sh	r
z	c	s	

2 Listen to the CD and then choose the initials you hear.
听录音，选出你听到的卡片。

b ( ) p ( ) d ( ) t ( )

g ( ) k ( ) j ( ) q ( )

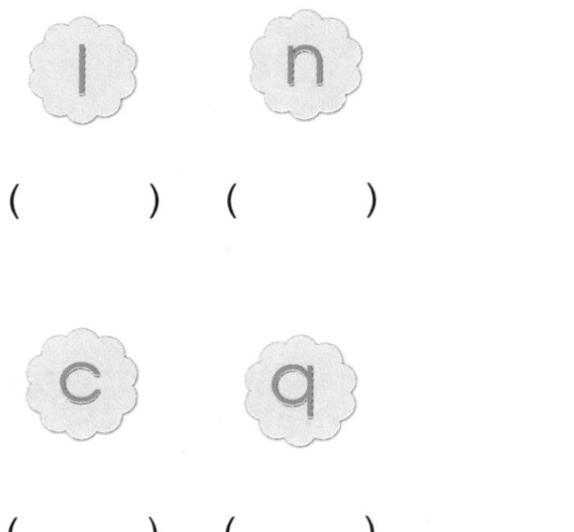

( ) ( )

( ) ( )

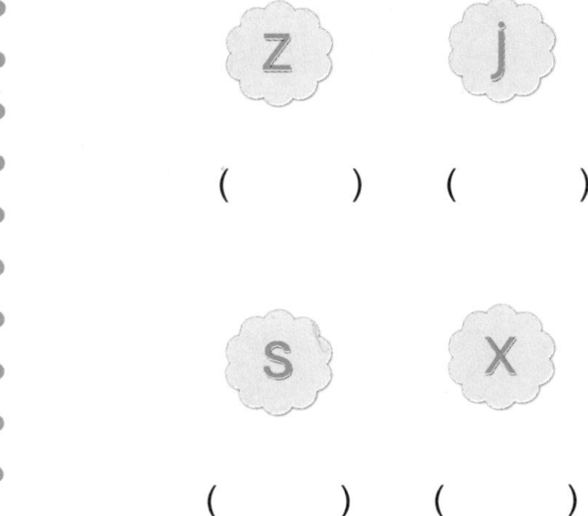

( ) ( )

( ) ( )

Finals 韵母

1 Six basic finals in Chinese *Pinyin*.
汉语有六个基本韵母。

2 Pronounce and learn.

读一读，认一认。

a	ai	ao	an	ang
o	ou	ong		
e	ei	en	eng	er
i	ie	iou(iu)	in	ing
u	uo	uei(ui)	uen(un)	
ü	üe	ün		

3 Class activity. **Make the final cards in class and then give them to the teacher. Read out the card with the final chosen out of random in turn.**

全班活动。全班同学一起制作韵母卡片，交给老师。老师将卡片打乱顺序后，让同学依次任意抽取一张，然后念出卡片上的韵母。

Tones 声调

1 **Learn the Chinese tones.**
认一认，汉语的声调符号。

2 **Pronounce the tones.**
读一读。

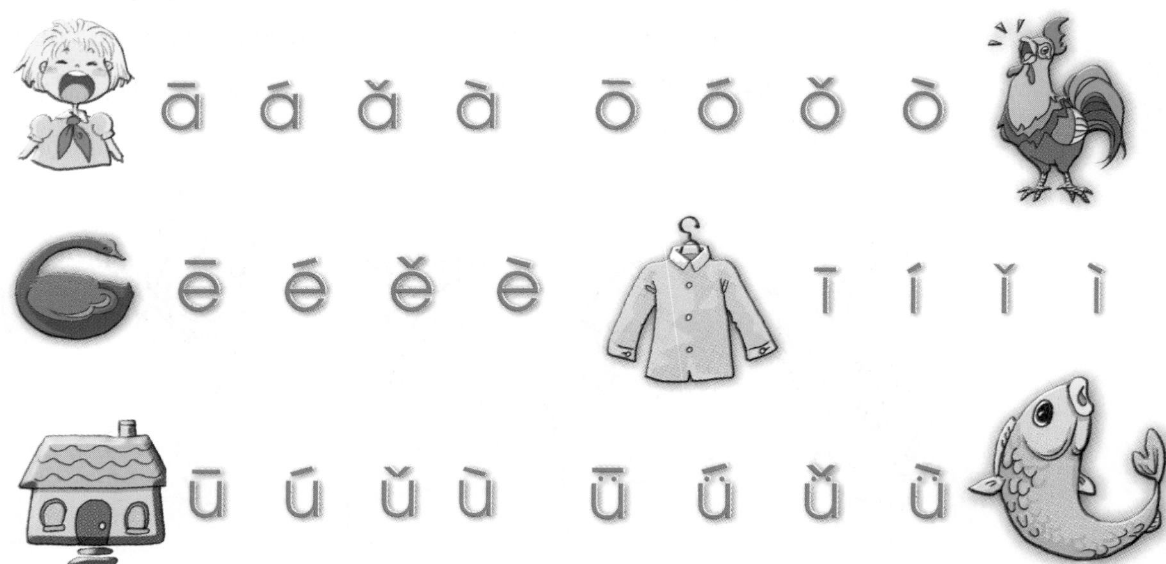

3 Listen to the CD and then choose the tones you hear.

听录音，选出听到的声调。

1	ā (　　)	á (　　)	ǎ (　　)	à (　　)
2	ō (　　)	ó (　　)	ǒ (　　)	ò (　　)
3	ē (　　)	é (　　)	ě (　　)	è (　　)
4	ī (　　)	í (　　)	ǐ (　　)	ì (　　)
5	ū (　　)	ú (　　)	ǔ (　　)	ù (　　)
6	ǖ (　　)	ǘ (　　)	ǚ (　　)	ǜ (　　)

Class Activity 课堂活动

1 Group work. **Four students are in one group. Each represents a different tone. Listen to the CD and stand up when you hear the tone you represent.**

小组活动。四位同学一组，分别代表一、二、三、四声，听完录音后，代表录音声调的同学站起来。

2 Listen to the CD and imitate. Replay the CD and see who reads the best.
跟读模仿，回放比较，看谁读得最好。

1. bā → → bā
2. dù → → dù
3. gē → → gē
4. zhū → → zhū
5. chuán → → chuán
6. shì → → shì
7. pā → → pā
8. tú → → tú
9. kē → → kē
10. jū → → jū
11. quán → → quán
12. sì → → sì

3 Pair work. **Read from the bottom step and see who reads the best.**
两人活动。两人一组，从下往上读，看谁读得准。

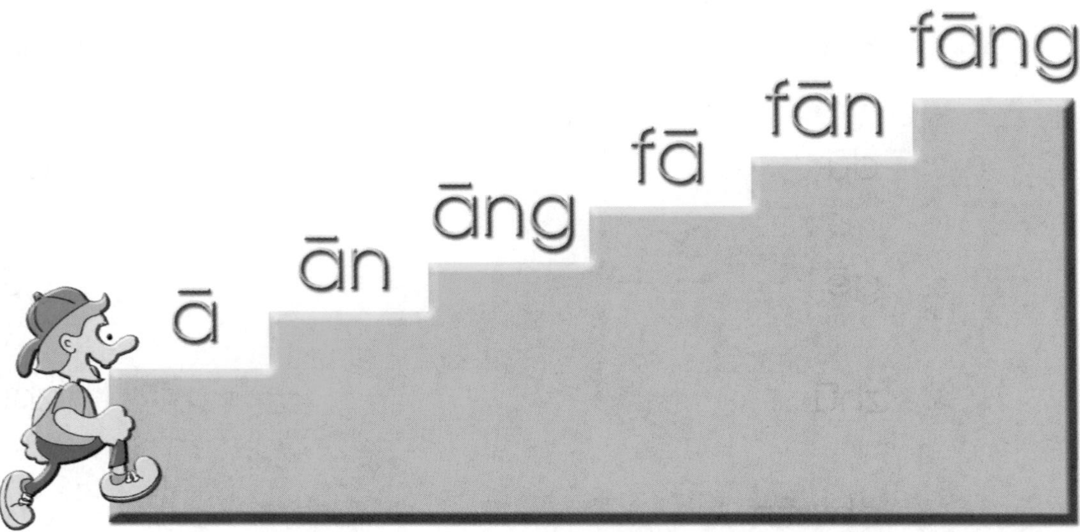

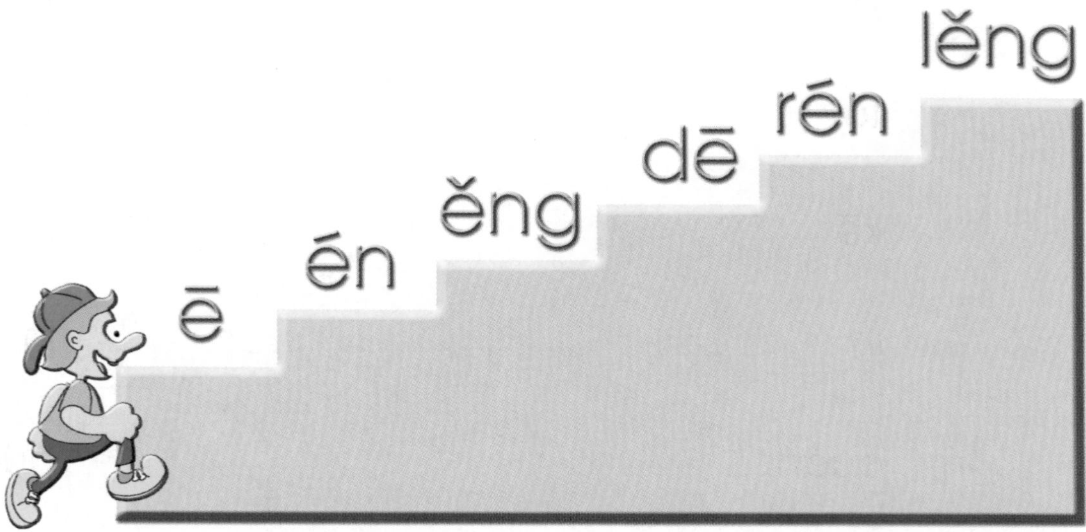

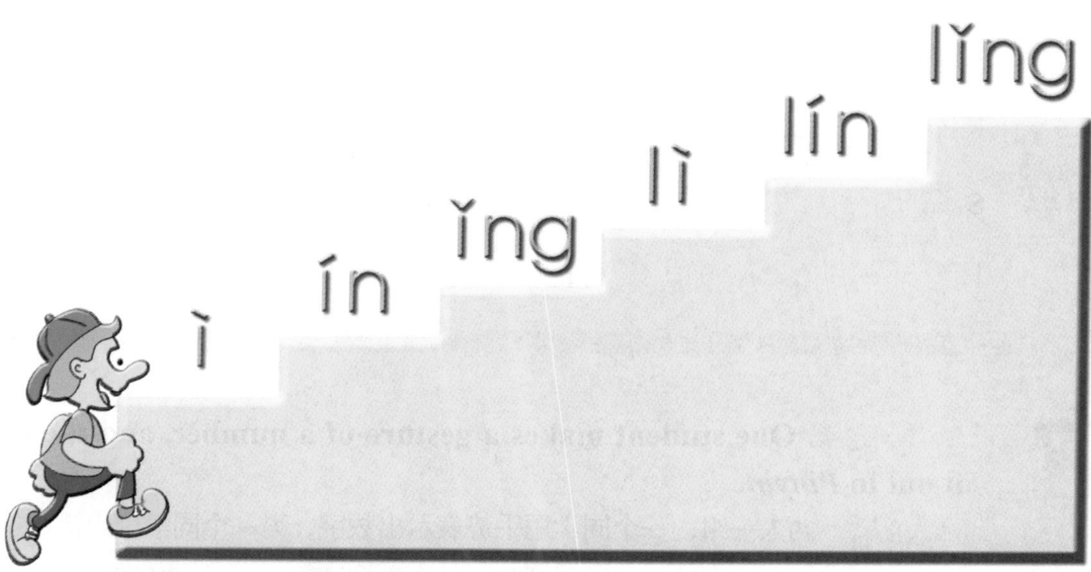

4 Listen to the CD and then match the initials with the finals.
听录音，把声母和韵母连线。

Initial	Finals	Initial	Finals	Initial	Finals
f	ā, á, ǎ, à	b	ō, ó, ǒ, ò	d	āo, áo, ǎo, ào
h	āi, ái, ǎi, ài	l	ōu, óu, ǒu, òu	ch	āng, áng, ǎng, àng

h		x		d	
k	ūn	l	iù	t	iē
s		j		j	
l		n		x	

5 Pair work. **One student makes a gesture of a number, and the other says it out in *Pinyin*.**

两人活动。两人一组，一个同学用手势表示出数字，另一个同学说出该数字的拼音。

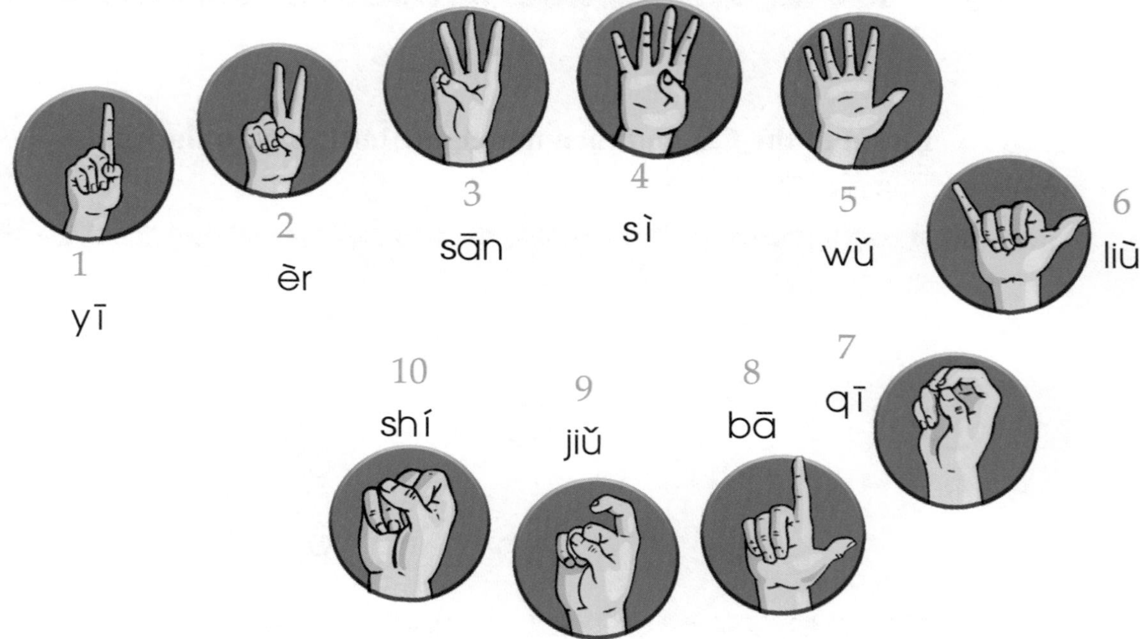

6 Listen to the CD and then choose the correct initials.

听录音，选出正确的声母。

____	ěn	(f/h)	____	ěn	(zh/z)
____	āo	(h/l)	____	ōng	(d/t)
____	ín	(n/m)	____	íng	(q/x)

7 **Listen to the CD and then choose the correct finals.**
听录音，选出正确的韵母。

g ____ (ān/āng)
z ____ (ǎo/ǒu)
m ____ (íng/ín)

j ____ (ū/ú/ǔ/ù)
l ____ (iū/iú/iǔ/iù)
b ____ (ēng/éng/ěng/èng)

8 **Listen to the CD and then choose the correct initials, finals and tones.**
听录音，选择正确的声母、韵母和声调。

______	______	______
p b d	j zh z	g k h
u o ü	ao iao iu	ao iao uo
ˉ ˊ ˇ ˋ	ˉ ˊ ˇ ˋ	ˉ ˊ ˇ ˋ

______	______	______
g d t	n m g	r ch sh
u o uo	ei ie in	in en un
ˉ ˊ ˇ ˋ	ˉ ˊ ˇ ˋ	ˉ ˊ ˇ ˋ

______	______	______
l n m	x s sh	q ch c
a o ü	ou ao iu	un uan i
ˉ ˊ ˇ ˋ	ˉ ˊ ˇ ˋ	ˉ ˊ ˇ ˋ

9 **Listen to the CD and then reorder the following syllables.**
听录音，把下列音节重新排序。

1. tà dà liàng wǎn wáng
2. xiē nǚ nǔ jūn xiǎng
3. pō bō dū gāi kuì
4. jiāo zhào chán hēi qiǎn
5. sì shì xué shāng shēng

Lesson 1

Greetings

问候

wènhòu

Objectives
学习目标

In this Lesson, you'll learn how to:

- make greetings in Chinese;
- tell your name to others.

在本课，你应学会：

1. 打招呼的常用语；
2. 说出自己的名字。

Warm-up 热身

1. **Say hello in English to your neighbors.**
   用英语向你的同桌问好。

2. **Do you know how to say "hello" in Chinese? If so, say it to your classmates.**
   你知道汉语中"hello"怎么说吗？如果知道，对你的同学说一说。

3. **Do you know how to say "hello" in other languages?**
   你知道其他语言中"你好"怎么说吗？

Presentation 表达

Listen to the CD and then practice the following conversations with your partner.
听录音，然后与同伴一起练习下列对话。

玛丽：你 好，大卫。
Mǎlì: Nǐ hǎo, Dàwèi.

大卫：玛丽，你 好。
Dàwèi: Mǎlì, nǐ hǎo.

玛丽：你 好，我 叫 玛丽。
Mǎlì: Nǐ hǎo, wǒ jiào Mǎlì.

大卫：你 好，我 叫 大卫。
Dàwèi: Nǐ hǎo, wǒ jiào Dàwèi.

New Words 生词

你	nǐ	you
好	hǎo	good
我	wǒ	I, me
叫	jiào	(be) called, named

Pair work. **Complete the following conversations, and then practice them with your partner using your own names.**
两人活动。完成下列对话，并用自己的名字与同伴练习。

1. 玛丽：____________，大卫。
   大卫：你好，玛丽。
2. 玛丽：你好，我叫玛丽。
   大卫：你好，____________大卫。

Building Vocabulary 扩展

Listen to the CD and learn the words below, and then practice the following conversation with your partner.

听录音，学习下列词语，然后与同伴一起练习下列对话。

玛丽：你们 好，我 叫 玛丽。
Mǎlì：Nǐmen hǎo, wǒ jiào Mǎlì.

李明：你 好，我 叫 李 明。他 叫 大卫。
Lǐ Míng：Nǐ hǎo, wǒ jiào Lǐ Míng. Tā jiào Dàwèi.

大卫：你 好！
Dàwèi：Nǐ hǎo!

Words Expansion
扩展词汇

早上 zǎoshang morning	下午 xiàwǔ afternoon	晚上 wǎnshang evening	你们 nǐmen you (plural form)	他 tā he, him

Class activity. **Greet five classmates and tell them your name.**
全班活动。向5位同学问好并介绍自己。

例：你好，我叫__________。

Listening 听力

Listen to the CD and repeat.
听录音，并跟读下列音节。

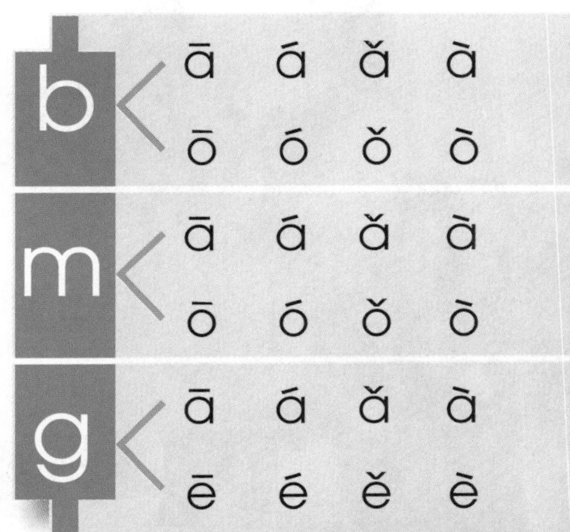

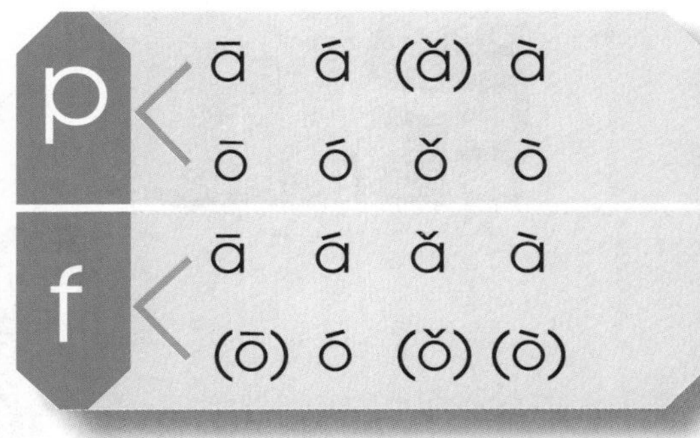

Listen to the CD and then circle the syllables you've heard.
听录音，在听到的拼音上画圈。

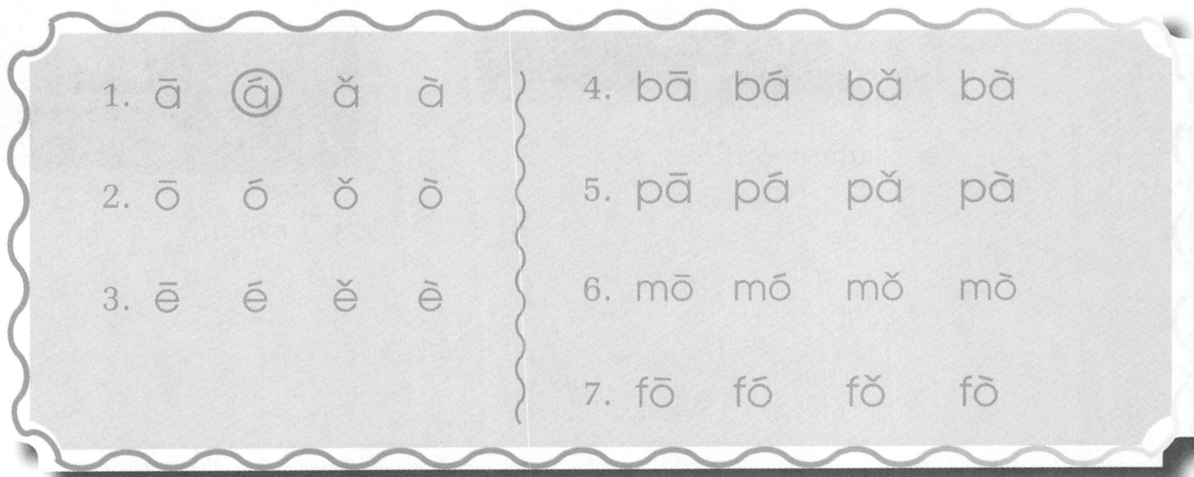

Listen to the CD and then number the pictures below according to what you've heard.
听录音，然后给下列图片排序。

☐ morning

☐ hello

☐ hello

☐ afternoon

☐ evening

Chinese Characters 汉字

Identify the characters learned in this Lesson from the following paragraph. Write them out on your computer by the order of their appearances, and then turn them in to your teacher after you print them out.
从下面的短文中找出本课学过的字词，并按出现的先后顺序用电脑打出来，交给老师。

我和你是好朋友。早上我们一起上学，中午一起吃饭，下午放学一起回家。他是我哥哥，他的名字叫大卫，他身体很好。他每天晚上都去打球。你们也是好朋友吗？

Learn to write.
学写汉字。

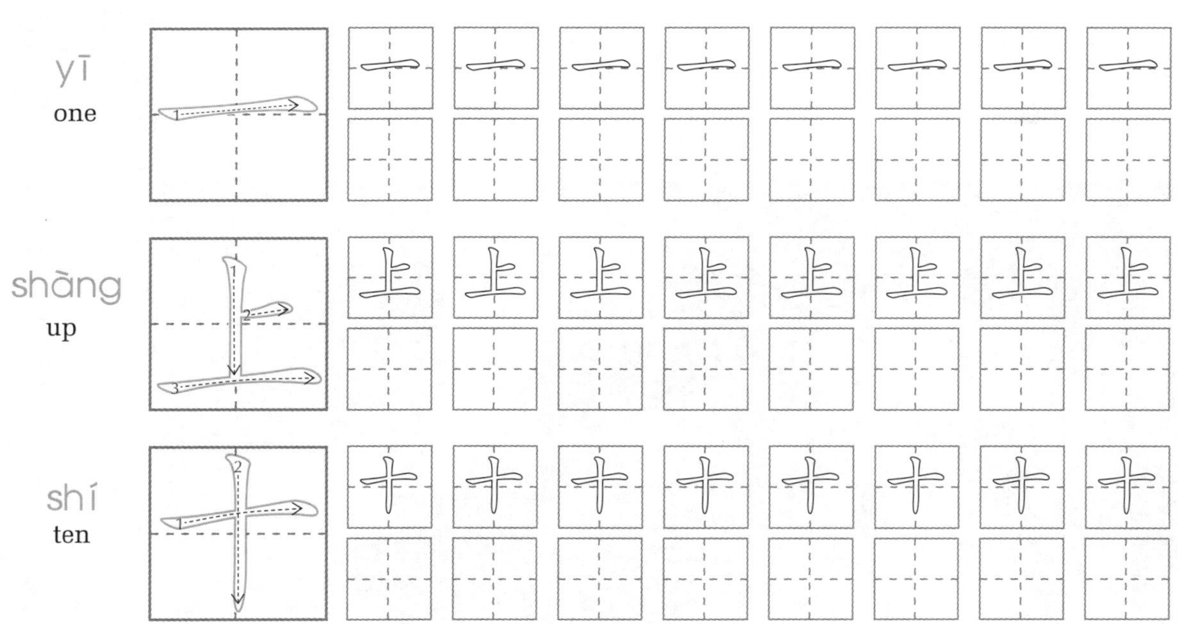

2 Lesson

Names

名 字

mínɡzi

Objectives
学习目标

In this Lesson, you'll learn how to:

- ask about others' names;
- use the sentence pattern, "What's your name?"

在本课，你应学会：

1. 询问他人的姓名；
2. 句式：你叫什么名字？

Warm-up 热身

1. Do you have a Chinese name? If not, give yourself one and then make a name tent and put it on your desk.
你有中文名字吗？如果没有，给自己起个中文名字，并为自己制作一个中文名签放在课桌上。

Common Chinese surnames 中国人的姓氏

刘 liú　王 wáng　李 lǐ　张 zhāng
赵 zhào　孙 sūn

Common boy's given names 男孩的常用名字

龙 lóng dragon	刚 gāng strong	伟 wěi great	明 míng bright
军 jūn army	海 hǎi sea		

Common girl's given names 女孩的常用名字

丽 lì beautiful	芳 fāng fragrant	娟 juān graceful	月 yuè moon
艳 yàn colorful	红 hóng red		

2. The dictionary of names.
小词典

姓 xìng: surname, family name, last name
名 míng: given name, personal name, first name
全名 quánmíng: full name
小名 xiǎomíng: pet name

Presentation 表达

Listen to the CD and then practice the following conversations with your paterner.
听录音，然后与同伴一起练习下列对话。

玛丽：你 好，我 叫 玛丽。
Mǎlì：Nǐ hǎo, wǒ jiào Mǎlì.
你 叫 什么 名字？
Nǐ jiào shénme míngzi?

海伦：我 叫 海伦。
Hǎilún：Wǒ jiào Hǎilún.

玛丽：您 好，您 贵姓？
Mǎlì：Nín hǎo, nín guìxìng?

李 明：我 姓 李，叫 李 明。
Lǐ Míng：Wǒ xìng Lǐ, jiào Lǐ Míng.
你 叫 什么 名字？
Nǐ jiào shénme míngzi?

玛丽：我 叫 玛丽。
Mǎlì：Wǒ jiào Mǎlì.

New Words 生词

什么	shénme	what
名字	míngzi	name
您	nín	you (a polite form)
贵姓	guìxìng	(the polite form of asking for a person's surname)
姓	xìng	surname

Pair work. Listen to the above two conversations again and then practice with your partner using your own names.
两人活动。再听一遍上面两组对话，然后用自己的名字与同伴练习。

1. A: 你好，我叫 ________。你叫什么名字？
   B: 我叫 ________。
2. A: 您好，您贵姓？
   B: 我姓 ________，叫 ________。

Complete the sentences and then compare your answers with your partner's.
完成下列句子，然后和同伴比较一下。

1. 我叫 ____________。
2. 我姓 ____________。
3. 我的小名叫 ________。

Building Vocabulary 扩展

Listen to the CD and then practice the following conversations with your partner.
听录音，然后与同伴一起练习下列对话。

玛丽：李　明，你　好。
Mǎlì: Lǐ Míng, nǐ hǎo.
你 妹妹 叫 什么 名字？
Nǐ mèimei jiào shénme míngzi?

李　明：她 叫 李丽。你 弟弟 叫 什么 名字？
Lǐ Míng: Tā jiào Lǐ Lì. Nǐ dìdi jiào shénme míngzi?

玛丽：他 叫 迈克。
Mǎlì: Tā jiào Màikè.

孙 丽： 老师 好，您 贵姓？
Sūn Lì： Lǎoshī hǎo, nín guìxìng?

老师： 我 姓 刘。你 姓 什么？
lǎoshī： Wǒ xìng Liú. Nǐ xìng shénme?

孙 丽： 我 姓 孙，叫 孙 丽。
Sūn Lì： Wǒ xìng Sūn, jiào Sūn Lì.

Words Expansion
扩展词汇

妹妹
mèimei
younger sister

她
tā
she, her

弟弟
dìdi
younger brother

老师
lǎoshī
teacher

Class activity.
全班活动。

1. **Divide the class into two groups. Each person tells the others his/her Chinese name and his/her neighbor's.**
   全班分成两组，每个人介绍自己和旁边同学的中文名字。
   例：我叫 ____________，他/她叫 ______________。

2. **Ask your classmates for their Chinese names and then make a directory.**
   问问你同学的中文名字，然后制作班级名录。

Listening 听力

Listen to the CD and repeat.
听录音，并跟读下列音节。

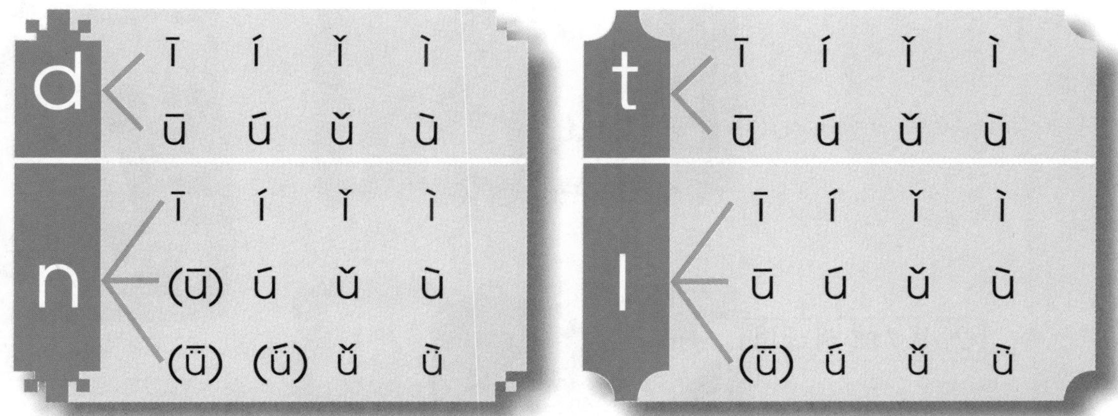

Listen to the CD and then circle the syllables you've heard.
听录音，在听到的拼音上画圈。

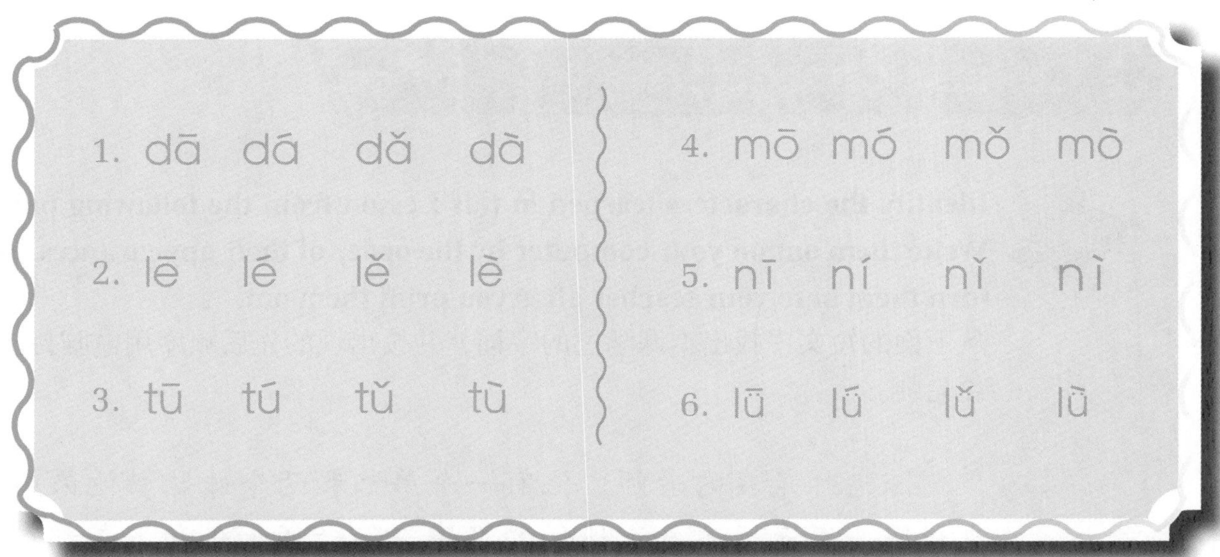

Listen to the CD and then choose the correct answers.
听录音，然后选择正确答案。

1. 他/她叫李丽。

2. 我/他叫王明。

3. 我姓/叫孙。

Chinese Characters 汉字

Identify the characters learned in this Lesson from the following paragraph. Write them out on your computer by the order of their appearances, and then turn them in to your teacher after you print them out.
从下面的短文中找出本课学过的字词，并按出现的先后顺序用电脑打出来，交给老师。

陈老师是我的老师。他有一个弟弟和两个妹妹。他弟弟和妹妹也姓陈。可是我不知道他们的名字。陈老师上午和下午都在学校，晚上回家。

Learn to write.
学写汉字。

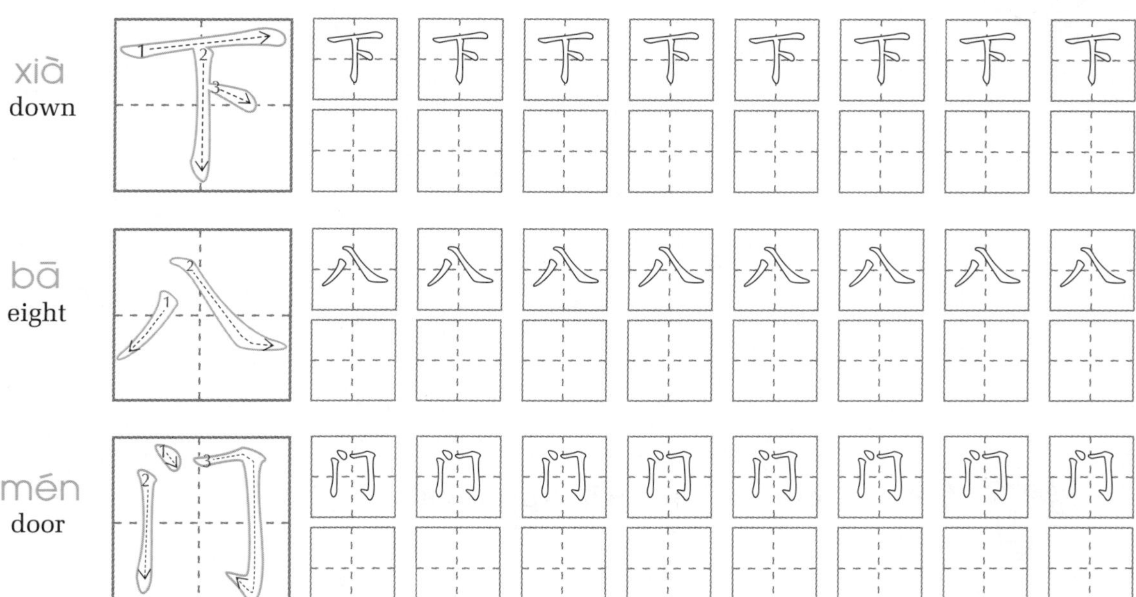

Review 1

Sentence Patterns
句型

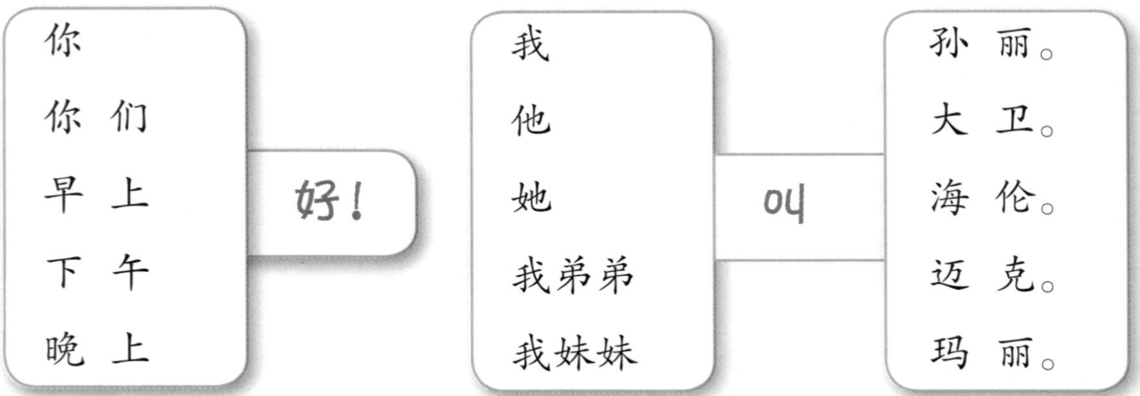

Write a response for each expression.
写出答语。

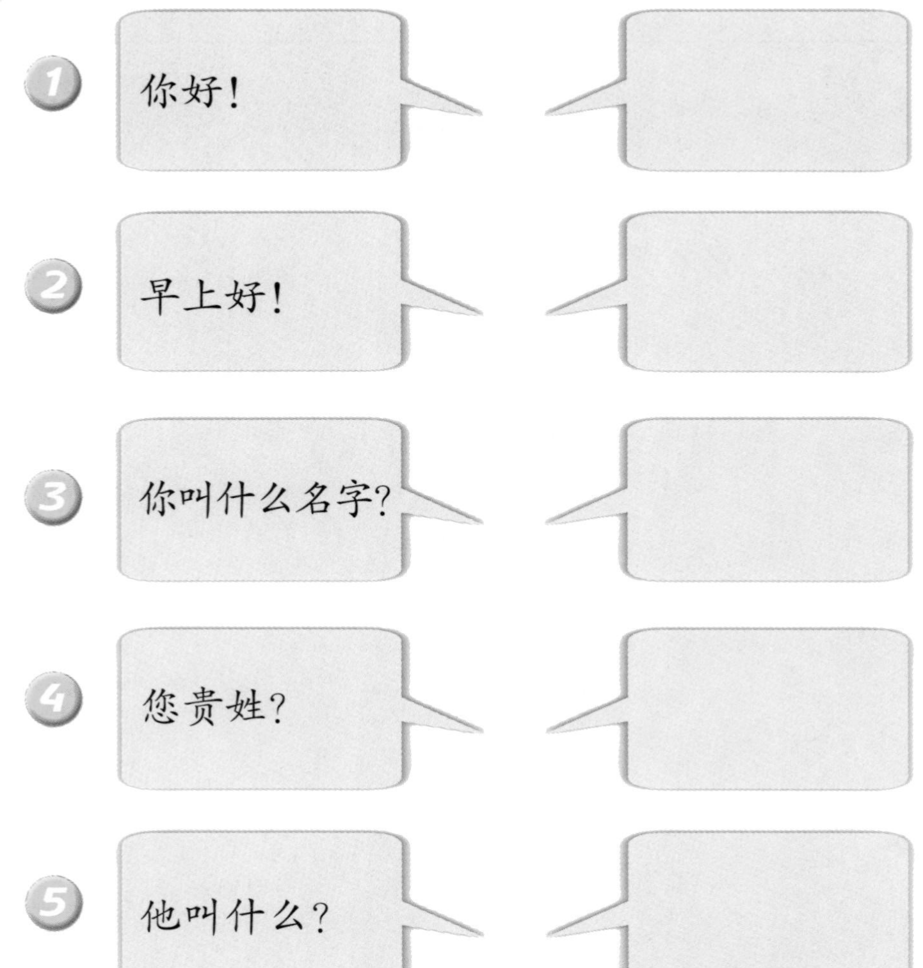

Lesson 3

Classmates

同学

tóngxué

Objectives
学习目标

In this Lesson, you'll learn how to:

- introduce your classmates;
- use the sentence pattern, "He is..."

在本课，你应学会：

1. 介绍同学；
2. 句式：他是……

Warm-up 热身

1. **Listen to the CD and then repeat the following sentences.**
听录音，并跟读下列句子。

大卫 是 海伦 的 同学。
Dàwèi shì Hǎilún de tóngxué.

大卫 是 孙丽的 同学。
Dàwèi shì Sūn Lì de tóngxué.

海伦 是 孙丽的 同学。
Hǎilún shì Sūn Lì de tóngxué.

2. Class activity. **One student says, "A is my classmate", and then A goes on the say, "B is my classmate". Do this activity in the whole class.**
全班活动。一个人说“A是我的同学”，A接着说“B是我的同学”，以此类推，在全班同学中做这个活动。

Presentation 表达

Listen to the CD and then practice the following conversations with your partner.
听录音，然后与同伴一起练习下列对话。

老师： 同学们，他叫李明，
lǎoshī: Tóngxuémen, tā jiào Lǐ Míng,

他是你们的新同学。
tā shì nǐmen de xīn tóngxué.

李明： 大家好！
Lǐ Míng: Dàjiā hǎo!

大卫： 老师好，我叫大卫。
Dàwèi: Lǎoshī hǎo, wǒ jiào Dàwèi.

老师： 你好！
lǎoshī: Nǐ hǎo!

大卫： 她是我的同学，她叫孙丽。
Dàwèi: Tā shì wǒ de tóngxué, tā jiào Sūn Lì.

孙丽： 老师好！
Sūn Lì: Lǎoshī hǎo!

老师： 你好！
lǎoshī: Nǐ hǎo!

New Words 生词

同学	tóngxué	classmate
同学们	tóngxuémen	classmates
是	shì	be
的	de	(particle word)
新	xīn	new
大家	dàjiā	everyone

Role play. **Three people are in one group. One acts as the teacher and the other two as the students. Use the words and sentence patterns you've learned to introduce one another. Then play it out in front of the class.**
角色扮演。三人一组，一人扮演老师，另外两人扮演学生，用前面学到的词语和句型互相介绍。然后在课堂上表演。

例：＿＿＿＿＿＿ 叫 ＿＿＿＿＿＿。
他/她是 ＿＿＿＿＿＿ 的 ＿＿＿＿＿＿。

Building Vocabulary 扩展

Listen to the CD and then practice the following conversation with your partner.
听录音，然后与同伴一起练习下列对话。

孙丽：妈妈，他是我的小学同学迈克，
Sūn Lì: Māma, tā shì wǒ de xiǎoxué tóngxué Màikè,
我们是好朋友。
wǒmen shì hǎo péngyou.

妈妈：欢迎，欢迎。
māma: Huānyíng, huānyíng.

迈克：阿姨好！
Màikè: Āyí hǎo!

妈妈：你好！
māma: Nǐ hǎo!

Words Expansion 扩展词汇

汉字	Pinyin	English
妈妈	māma	mother
小学	xiǎoxué	elementary school
我们	wǒmen	we, us
朋友	péngyou	friend
欢迎	huānyíng	welcome
阿姨	āyí	aunt

Pair work. **Look at the pictures and fill in the blanks, and then compare your answers with your partner's.**
两人活动。看图填空，并与同伴比较一下答案。

孙丽是李明的________。

她是我们的__________。

我们是__________。

Listening 听力

Listen to the CD and repeat.
听录音，并跟读下列音节。

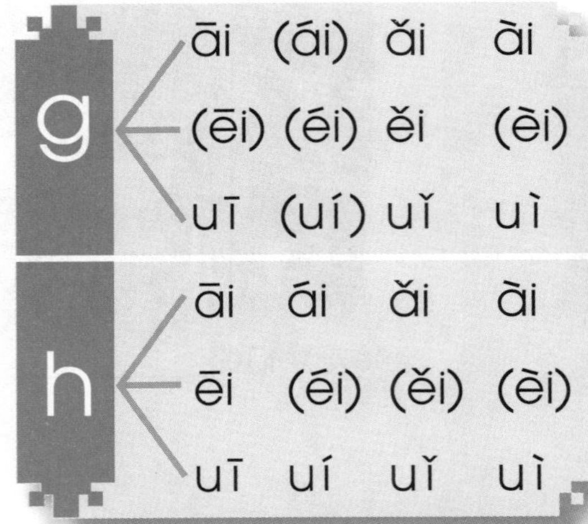

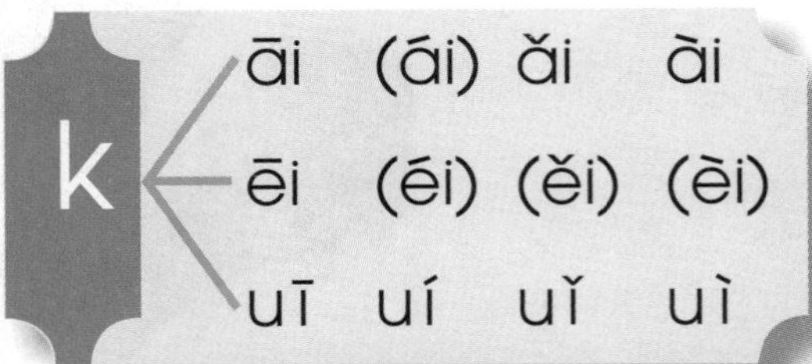

Listen to the CD and then circle the syllables you've heard.
听录音，在听到的拼音上画圈。

1. āi ái ǎi ài
2. ēi éi ěi èi
3. uī uí uǐ uì
4. gāi gái gǎi gài
5. hēi héi hěi hèi
6. kuī kuí kuǐ kuì

Listen to the CD and then choose the correct answers.
听录音，然后选择正确答案。

我叫/是迈克，她/他叫玛丽。她是我的小学学生/同学，我们是好同学/朋友。我们都喜欢画画。

Chinese Characters 汉字

Identify the characters that have the following initials d, t, n, l, g, k, h. Put them in categories, and then write them down on your computer. Turn them in to your teacher after you print them out.
找出下面汉字中声母是 d, t, n, l, g, k, h 的汉字，并分类，然后用电脑打出来交给老师。

你	好	我	叫	早上	下午	晚上	你们	他
什么	名字	您	贵姓	姓	妹妹	她	弟弟	老师
同学	们	是	的	新	大家	妈妈	小学	我们
朋友	欢迎	阿姨						

Learn to write.
学写汉字。

gōng work 工 工 工 工 工 工 工 工 工

lì power 力 力 力 力 力 力 力 力 力

wǔ five 五 五 五 五 五 五 五 五 五

4 Lesson

What's in Your Bag

学习用品

xuéxí yòngpǐn

Objectives
学习目标

In this Lesson, you'll learn how to:

- talk about stationery;
- use the negative and interrogative forms of the "是" sentence.

在本课，你应学会：

1. 谈论学习用品；
2. "是"字句的否定和疑问表达。

Warm-up 热身

Listen to the CD and then repeat the following words. Which of the following things are in your bag? Tick (✓) the boxes. What else is in your bag?

听录音，并跟读下列词语。你的书包里有哪些物品？请在相应的物品旁边画钩，并说说你的书包里还有什么其他物品。

- ☐ 钥匙 yàoshi
- ☐ 涂改液 túgǎiyè
- ☐ 钢笔 gāngbǐ
- ☐ 笔袋 bǐdài
- ☐ 眼镜 yǎnjìng
- ☐ 笔记本 bǐjìběn
- ☐ 雨伞 yǔsǎn
- ☐ 钱包 qiánbāo
- ☐ 尺子 chǐzi
- ☐ 零食 língshí

Presentation 表达

Listen to the CD and then practice the following conversations with your partner.

听录音，然后与同伴一起练习下列对话。

大卫： 这 是 什么？
Dàwèi: Zhè shì shénme?

刘云： 这 是 我 的 MP3。
Liú Yún: Zhè shì wǒ de MP sān.

大卫： 那 是 什么？
Dàwèi: Nà shì shénme?

刘云： 那 是 手机。
Liú Yún: Nà shì shǒujī.

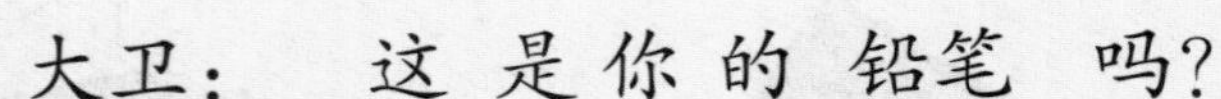

大卫： 这 是 你 的 铅笔 吗？
Dàwèi: Zhè shì nǐ de qiānbǐ ma?

刘云： 是，这 是 我 的 铅笔。
Liú Yún: Shì, zhè shì wǒ de qiānbǐ.

大卫： 那 是 你 的 字典 吗？
Dàwèi: Nà shì nǐ de zìdiǎn ma?

刘云： 不 是，那 是 海伦 的 字典。
Liú Yún: Bú shì, nà shì Hǎilún de zìdiǎn.

New Words 生词

这	zhè	this
那	nà	that
手机	shǒujī	cell phone
铅笔	qiānbǐ	pencil
吗	ma	(a question particle)
字典	zìdiǎn	dictionary
不	bù	no

Pair work. **Practice the following four sentence patterns with your partner based on your real situation.**
两人活动。根据实际情况，用下列四个句型进行问答练习。

1. 这是什么？　这是 ______________。
2. 那是什么？　那是 ______________。
3. 这是你的 ______________ 吗？
4. 那是你的 ______________ 吗？

Building Vocabulary 扩展

Listen to the CD and then practice the following conversation with your partner.
听录音，然后与同伴一起练习下列对话。

海伦：这些 是 你 的 书 吗？
Hǎilún: Zhèxiē shì nǐ de shū ma?

李 明：是 我 的 书。
Lǐ Míng: Shì wǒ de shū.

海伦：那些 也 是 你 的 书 吗？
Hǎilún: Nàxiē yě shì nǐ de shū ma?

李　明：　不是，是　大卫　的　书。
Lǐ Míng:　Bú shì,　shì Dàiwèi de shū.

海伦：　那些　是　什么　书？
Hǎilún:　Nàxiē shì shénme shū?

李　明：　汉语　书。
Lǐ Míng:　Hànyǔ shū.

Words Expansion 扩展词汇

这些 zhèxiē these	书 shū book	那些 nàxiē those	也 yě too	汉语 Hànyǔ Chinese

Pair work. Complete the sentences below according to the pictures, and then practice with your partner.
两人活动。根据图片完成下列句子，然后与同伴练习。

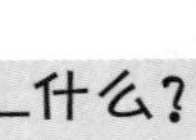

1
______什么？
这是______。

2
______什么？
那是______。

3
______是你的______吗？
是的。

4
______是什么书？
是______。

Listening 听力

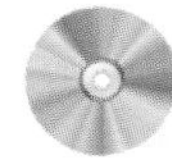

Listen to the CD and repeat.
听录音，并跟读下列音节。

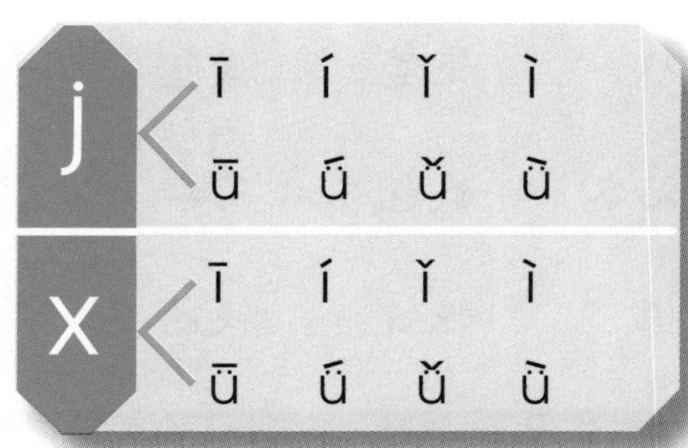

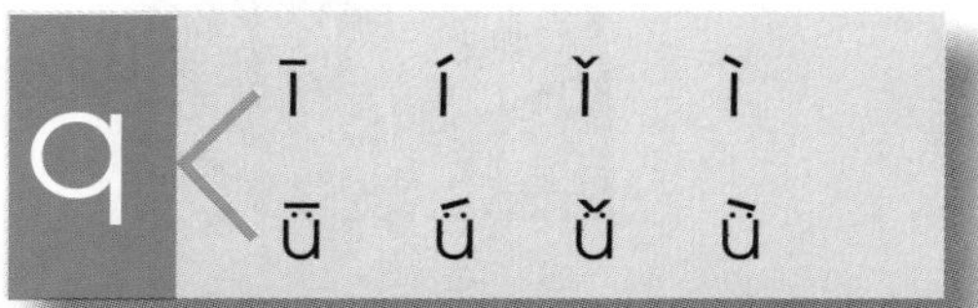

Listen to the CD and then write down the syllables.
听录音，写音节。

Listen to the CD and then choose the phrases you haven't heard.
听录音，然后挑出每组录音中没有出现的词语。

1.	钢笔	橡皮	尺子	零食
2.	MP3	钢笔	钱包	手机
3.	笔记本	钱包	雨伞	钥匙
4.	手机	眼镜	钱包	雨伞

Chinese Characters 汉字

Identify the characters that have the following initials b, p, m, f, j, q, x**. Put them in categories, and then write them down on your computer. Turn them in to your teacher after you print them out.**
找出下面汉字中声母是 b, p, m, f, j, q, x 的汉字，并分类，然后用电脑打出来交给老师。

什么	名字	您	贵姓	姓	妹妹
她	弟弟	老师	同学	们	是
的	新	大家	妈妈	小学	我们
朋友	欢迎	阿姨	这	那	手机
铅笔	吗	字典	不	这些	书
那些	也	汉语			

Learn to write.
学写汉字。

Review 2

Sentence Patterns
句型

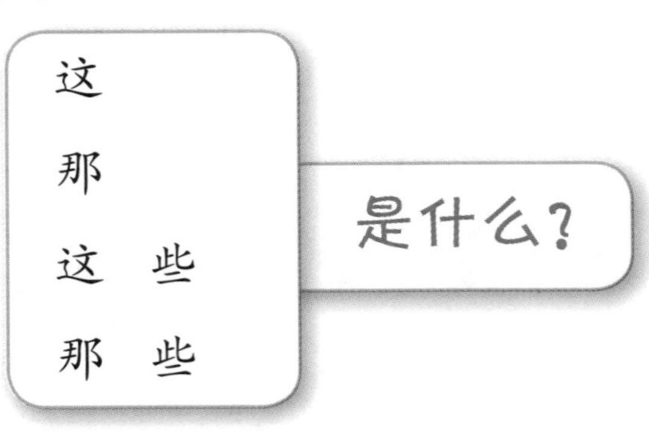

我/你/他/她
我们/你们
他们/她们
这/那
这些/那些

是

学　生。
老　师。
朋　友。
手　机。
汉语书。

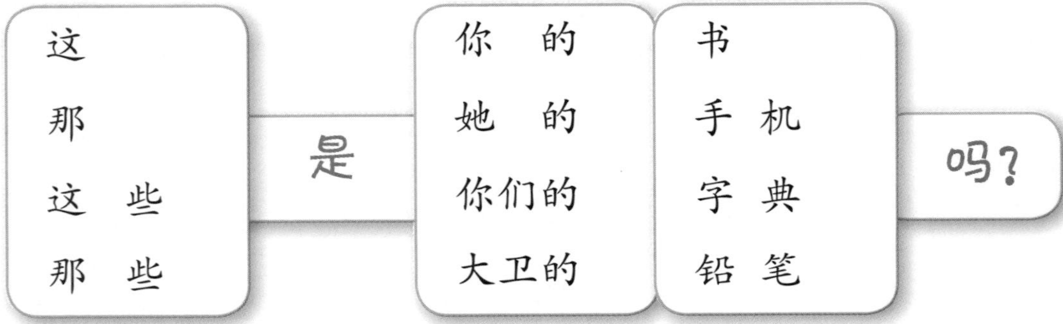

Match the words with the pictures.
将下列词语与相应的图片连线。

雨伞	零食	钥匙	眼镜
yǔsǎn	língshí	yàoshi	yǎnjìng

Lesson 5

My Family

家庭

jiātíng

Objectives
学习目标

In this Lesson, you'll learn how to:

- introduce your family members;
- describe some of the professions.

在本课，你应学会：

1. 介绍家庭成员；
2. 某些职业的名称。

Warm-up 热身

1. Listen to the CD and repeat the words. Then look at Bob's family tree and complete the sentences below.
听录音，跟读下列词语，并看图完成句子。

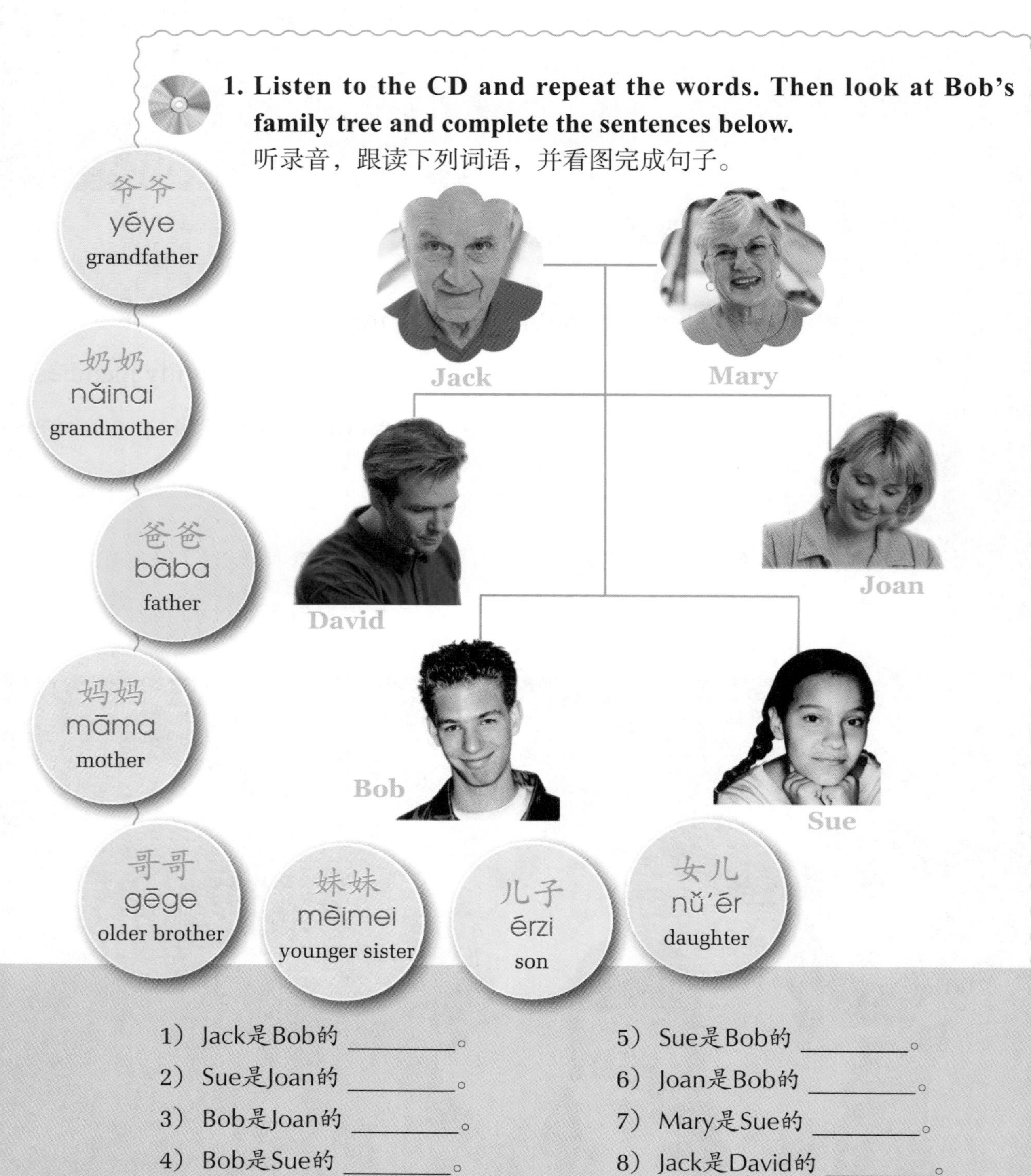

1）Jack是Bob的 ________。
2）Sue是Joan的 ________。
3）Bob是Joan的 ________。
4）Bob是Sue的 ________。
5）Sue是Bob的 ________。
6）Joan是Bob的 ________。
7）Mary是Sue的 ________。
8）Jack是David的 ________。

2. Review the numbers 1—10. Listen to the CD and repeat the numbers below. Do you have any "lucky numbers"? If you do, please share them with the class.
复习数字1—10，并听录音，跟读下列数字。你有"幸运数字"吗？请告诉你的同学。

11 12 13 14 15 16 17 18 19 20 30 40 50

Presentation 表达

Listen to the CD and then practice the following conversation with your partner.
听录音，然后与同伴一起练习下列对话。

大卫： 这 是 谁？
Dàwèi: Zhè shì shuí?

孙 丽： 这 是 我 妹妹。
Sūn Lì: Zhè shì wǒ mèimei.

大卫： 她 叫 什么 名字？
Dàwèi: Tā jiào shénme míngzi?

孙 丽： 她 叫 孙 娟。
Sūn Lì: Tā jiào Sūn Juān.

大卫： 她 多 大？
Dàwèi: Tā duō dà?

孙 丽： 她 十 一 岁。
Sūn Lì: Tā shíyī suì.

大卫： 这 是 你 姐姐 吗？
Dàwèi: Zhè shì nǐ jiějie ma?

孙 丽： 不 是，是 我 妈妈。
Sūn Lì: Bú shì, shì wǒ māma.

大卫： 真 年轻！
Dàwèi: Zhēn niánqīng!

New Words 生词

谁	shuí	who
多大	duō dà	how old
岁	suì	age
姐姐	jiějie	older sister
真	zhēn	really
年轻	niánqīng	young

Pair work. **Bring your family photo to the class. Make a dialoque with a partner about your family members using the words and sentence patterns you've learned.**

两人活动。用前面学到的词语和句型，就自己准备的全家福跟同伴对话。

例：A: 这是谁？
B: 这是 ________。
A: 他/她叫什么名字？
B: 他/她叫 ________。
A: 他/她多大？
B: 他/她 ________岁。

Building Vocabulary 扩展

Read the introduction about Gao Shan's family. Then decide whether the following statements are True or False.

阅读下面关于高山家庭成员的介绍，然后判断对错。

这是我家的照片。这是我爸爸，他是医生；
Zhè shì wǒ jiā de zhàopiàn. Zhè shì wǒ bàba, tā shì yīshēng;

这是我妈妈，她是护士；这是我叔叔，他是
zhè shì wǒ māma, tā shì hùshi; zhè shì wǒ shūshu, tā shì

司机；那是我哥哥，他叫高峰，他是学生。
sījī; nà shì wǒ gēge, tā jiào Gāo Fēng, tā shì xuésheng.

1. 高山的爸爸是老师。（ ）
2. 高峰的妈妈是护士。（ ）
3. 高山的哥哥是学生。（ ）
4. 高峰的叔叔是医生。（ ）

Role play. **Play the role you like, and then let your classmates guess.**
角色扮演。选择并扮演一个自己喜欢的角色，让同学猜一猜。

Words Expansion
扩展词汇

家
jiā
family

照片
zhàopiàn
photo

爸爸
bàba
father

医生
yīshēng
doctor

护士
hùshi
nurse

叔叔
shūshu
uncle

司机
sījī
driver

哥哥
gēge
older brother

学生
xuésheng
student

Listening 听力

Listen to the CD and repeat.
听录音，并跟读下列音节。

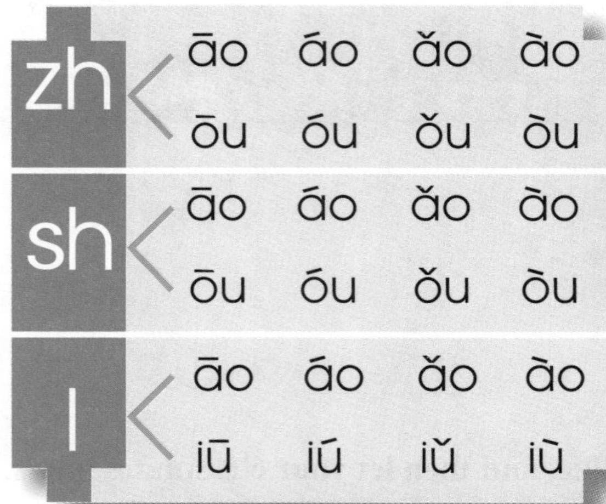

zh	āo	áo	ǎo	ào
	ōu	óu	ǒu	òu
sh	āo	áo	ǎo	ào
	ōu	óu	ǒu	òu
l	āo	áo	ǎo	ào
	iū	iú	iǔ	iù

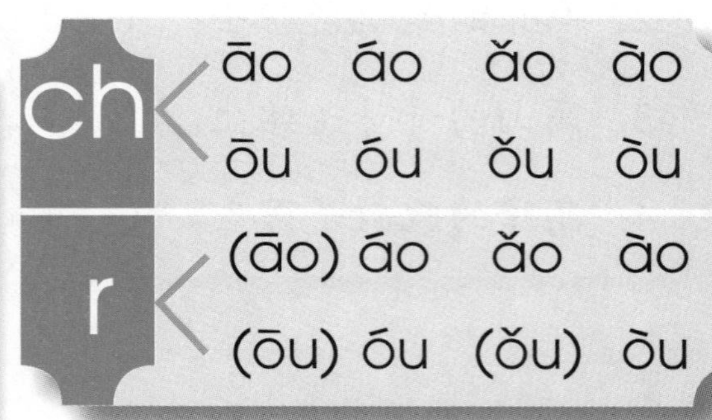

ch	āo	áo	ǎo	ào
	ōu	óu	ǒu	òu
r	(āo)	áo	ǎo	ào
	(ōu)	óu	(ǒu)	òu

Listen to the CD and then circle the syllables you've heard.
听录音，在听到的拼音上画圈。

1. zh ch sh r
2. zh j ch q
3. shī shí shǐ shì
4. zhē zhé zhě zhè
5. zhū zhú zhǔ zhù
6. zhù chù shù rù

Listen to the CD and then complete the form below.
听录音，然后填空。

	王丽	迈克
爸爸的名字		
爸爸的年龄 (age)		
爸爸的职业 (job)		
妈妈的名字		
妈妈的年龄		
妈妈的职业		

Chinese Characters 汉字

Complete the dialogues, then type them out and give them to the teacher.
将对话补充完整，并将对话用电脑打出来交给老师。

1. A：你好，我叫大卫。
   B：你好，我叫________。
2. A：妈妈，她是我的新朋友。
   B：你叫什么名字？
   C：我叫________。
3. A：我15岁。
   B：我____岁。
4. A：我们的老师姓王。
   B：我们的老师姓________。

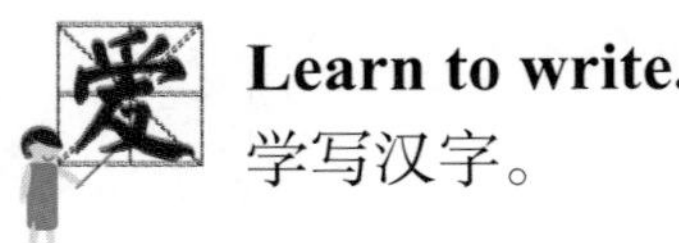

Learn to write.
学写汉字。

Lesson 6

My Home

我的家

wǒ de jiā

Objectives
学习目标

In this Lesson, you'll learn how to:

- inquire and describe the locations of objects;
- use the sentence pattern, "Where is ..."

在本课，你应学会：

1. 询问并表达物品的方位；
2. 句式：……在哪儿？

Warm-up 热身

1. Listen to the CD and repeat the words.
听录音，并跟读下列词语。

2. Listen to the CD and repeat the words. Then look at the picture and complete the sentences below.
听录音，跟读下列词语，然后看图完成句子。

上面 shàngmian on	里面 lǐmian in
下面 xiàmian under	旁边 pángbiān beside

1）书在桌子____________。
2）铅笔在铅笔盒____________。
3）钥匙在桌子____________。
4）灯在书柜____________。

Presentation 表达

Listen to the CD and then practice the following conversation with your partner.
听录音，然后与同伴一起练习下列对话。

孙 丽： 妈妈，我 的 汉语 书 在 哪儿？
Sūn Lì： Māma, wǒ de Hànyǔ shū zài nǎr?

妈妈： 在 沙发 旁边。
māma： Zài shāfā pángbiān.

孙 丽： 我 的 钥匙 在 哪儿？
Sūn Lì： Wǒ de yàoshi zài nǎr?

妈妈： 在 椅子 下面。
māma： Zài yǐzi xiàmian.

孙 丽： 我 的 钱包 在 哪儿？
Sūn Lì： Wǒ de qiánbāo zài nǎr?

妈妈： 在 桌子 上面。
māma： Zài zhuōzi shàngmian.

孙 丽： 我 的 眼镜 在 哪儿？
Sūn Lì： Wǒ de yǎnjìng zài nǎr?

妈妈： 在 你 的 鼻子 上面。
māma： Zài nǐ de bízi shàngmian.

New Words 生词

在	zài	at
哪儿	nǎr	where
沙发	shāfā	sofa
旁边	pángbiān	beside
钥匙	yàoshi	key
椅子	yǐzi	chair
下面	xiàmian	under
钱包	qiánbāo	purse
桌子	zhuōzi	desk
上面	shàngmian	on
眼镜	yǎnjìng	glasses
鼻子	bízi	nose

Pair work. **Put the words in the correct order to make sentences. Then imitate the sentences to make conversations with your partner. Use your own information.**
两人活动。将下列词语连成句子，并仿照句子，根据实际情况与同伴对话。

1. 的 桌子 铅笔 下面 王丽 在
2. 哪儿 在 我 手机 的
3. 上面 你 钱包 椅子 在 的
4. 沙发 书 旁边 在 汉语

Building Vocabulary 扩展

Read the three short paragraphs below. Then match them with the pictures on the left.
阅读下面三段话，然后将其与相应的图片连线。

Words Expansion 扩展词汇

房间	fángjiān	room
右边	yòubian	right
灯	dēng	lamp
左边	zuǒbian	left
床	chuáng	bed
书柜	shūguì	bookcase

1. 这是孙丽的房间。桌子在沙发右边，灯在沙发左边。
Zhè shì Sūn Lì de fángjiān. Zhuōzi zài shāfā yòubian, dēng zài shāfā zuǒbian.

2. 这是我的房间。床在沙发左边，桌子在沙发右边。
Zhè shì wǒ de fángjiān. Chuáng zài shāfā zuǒbian, zhuōzi zài shāfā yòubian.

3. 这是大卫的房间。椅子在沙发左边，书柜在沙发右边。
Zhè shì Dàwèi de fángjiān. Yǐzi zài shāfā zuǒbian, shūguì zài shāfā yòubian.

Pair work. **Draw a picture of your room. Then briefly describe it to your partner.**

两人活动。画一张你房间的图片，然后向你的同伴简要介绍一下。

例：这是我的房间。______ 在 ______ 左边/右边/旁边。

______ 在 ______ 上面/下面。

Listening 听力

Listen to the CD and repeat.

听录音，并跟读下列音节。

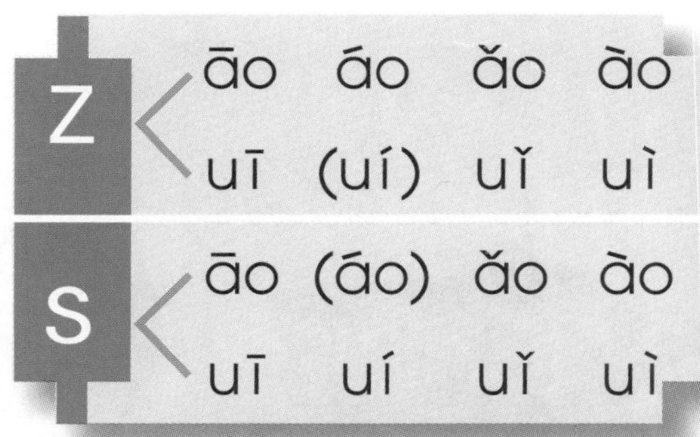

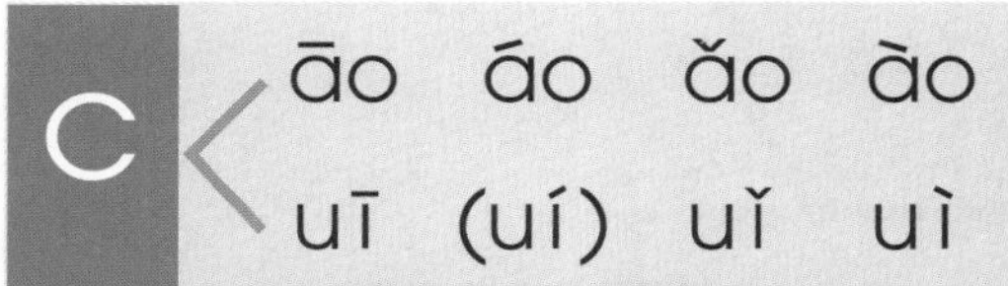

Listen to the CD and then circle the syllables you've heard.
听录音，在听到的拼音上画圈。

1. zī	zí	zǐ	zì	4. zū	zú	zǔ	zù
2. cī	cí	cǐ	cì	5. cū	cú	cǔ	cù
3. sī	sí	sǐ	sì	6. sū	sú	sǔ	sù

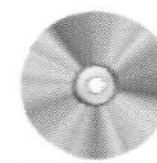

Listen to the CD and then choose the correct pictures according to what you've heard.
听录音，然后选择正确图片。

1

A 　　B 　　C

2

A 　　B 　　C

3

A

B

C

Chinese Characters 汉字

Complete the dialogues, then type them out and give them to the teacher.
将对话补充完整，并将对话用电脑打出来交给老师。

1. A：同学们，早上好。
   B：__________，早上好。

2. A：他是我弟弟，叫李明。
   B：他多大？
   A：他__________岁。

3. A：我爸爸是医生，妈妈是护士。
   B：我爸爸是__________，妈妈是__________。

4. A：这不是我姐姐，是我妈妈。
   B：真__________！

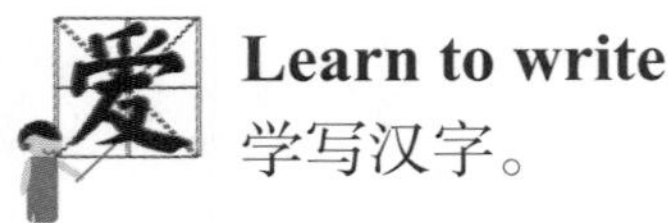

Learn to write.
学写汉字。

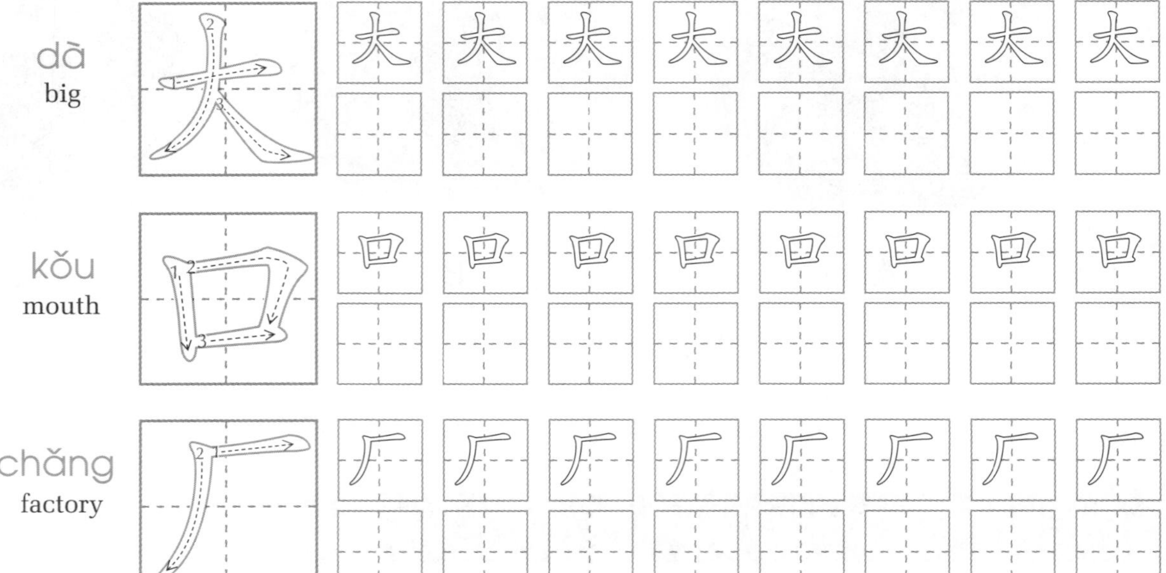

Sentence Patterns
句型

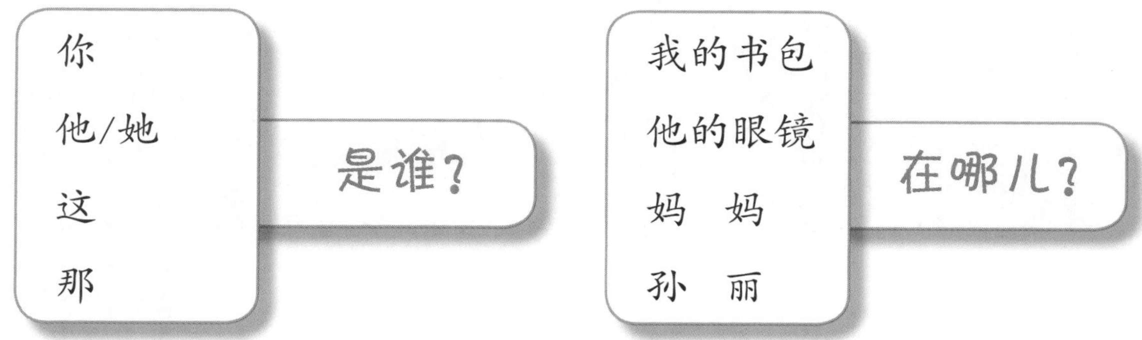

List your family members and then share their names, ages, etc.
列出你的家庭成员，并说出他们的姓名、年龄等信息。

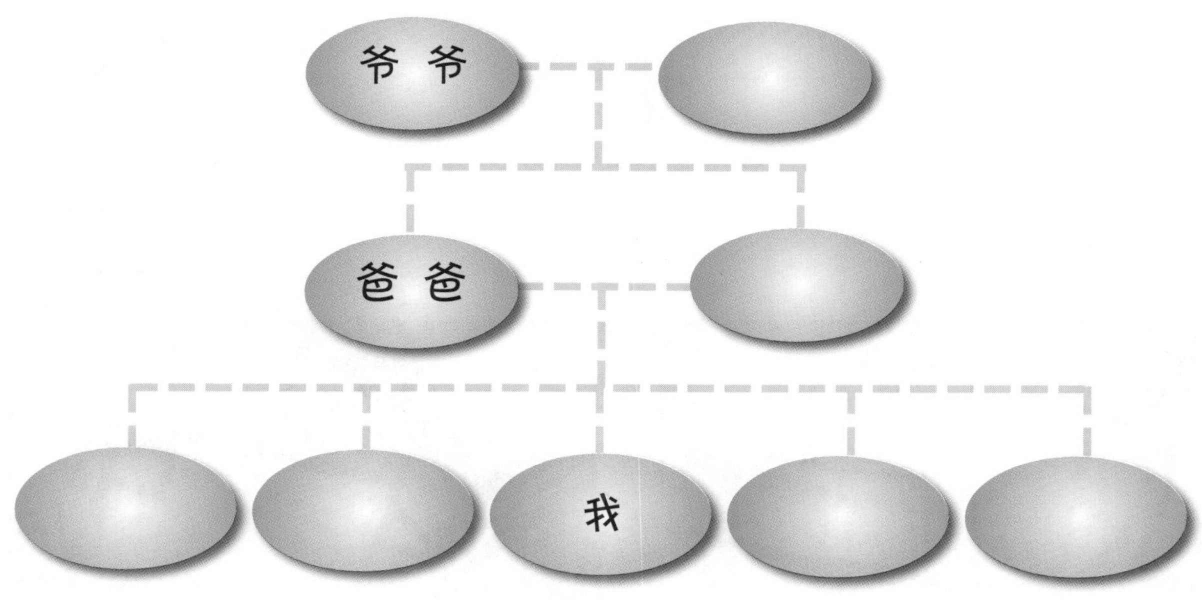

例：我叫孙丽，16岁，是学生。

Say the adjacent numbers of the following figures. For example, the adjacent numbers of 7 are 6 and 8.
说出下列数字的相邻数字。如“7”的相邻数是“6”和“8”。

6　9　17　22　25　38　41　45

7 Lesson

Personal Items

个人物品
gèrén wùpǐn

Objectives
学习目标

In this Lesson, you'll learn how to:

- talk about your favorite things;
- express different colors.

在本课，你应学会：

1. 谈论自己喜欢的物品；
2. 颜色的表达法。

Warm-up 热身

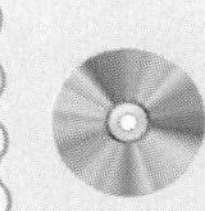

Listen to the CD and repeat the words. Make a survey among five of your friends, and then complete the form.

听录音，跟读下列词语，并向5个好朋友作调查，完成调查表。

调查表

个人物品	调查结果
手　机	______人
手　表	______人
钱　包	______人
照相机	______人
电　脑	______人
MP3	______人

钱包
qiánbāo

照相机
zhàoxiàngjī

电脑
diànnǎo

MP3
MP sān

手表
shǒubiǎo

手机
shǒujī

Presentation 表达

Listen to the CD and then practice the following conversation with your partner.
听录音，然后与同伴一起练习下列对话。

大卫：孙丽，这是你的新手机吗？
Dàwèi: Sūn Lì, zhè shì nǐ de xīn shǒujī ma?

孙丽：不是，这是绿色的，是高山的手机。
Sūn Lì: Bú shì, zhè shì lǜsè de, shì Gāo Shān de shǒujī.

大卫：你的新手机是什么颜色的？
Dàwèi: Nǐ de xīn shǒujī shì shénme yánsè de?

孙丽：是红色的。你的手机是什么颜色的？
Sūn Lì: Shì hóngsè de. Nǐ de shǒujī shì shénme yánsè de?

大卫：是黑色的。你的新手机在哪儿？
Dàwèi: Shì hēisè de. Nǐ de xīn shǒujī zài nǎr?

孙丽：在这儿。
Sūn Lì: Zài zhèr.

大卫：真漂亮！
Dàwèi: Zhēn piàoliang!

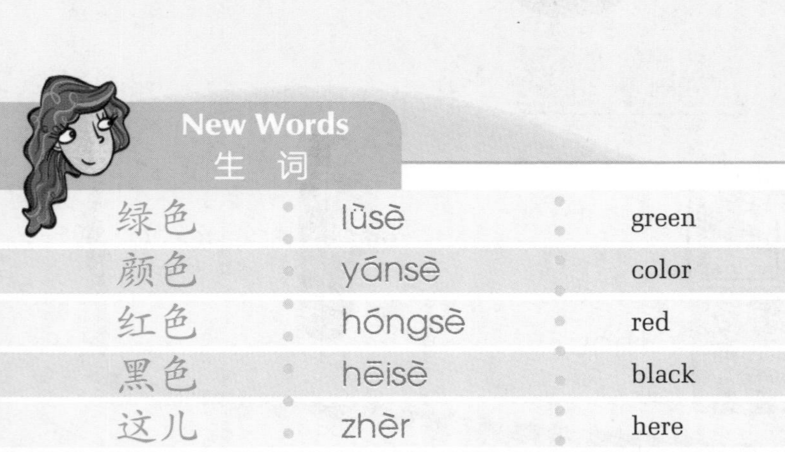

New Words 生词

绿色	lǜsè	green
颜色	yánsè	color
红色	hóngsè	red
黑色	hēisè	black
这儿	zhèr	here
漂亮	piàoliang	beautiful

Pair work. **Look at the pictures and complete the sentences below. Then practice with your partner.**
两人活动。看图完成下列对话，并与同伴练习。

1. A: 那 ______ 你的新电脑 ______？
   B: 是的。
   A: 什么 ______ 的？
   B: 黑色的。

2. 女儿：妈妈，这是我的新 ________ 吗？
   妈妈：不是，这 ________ 你妹妹的。
   女儿：红色的书包，真漂亮。
   我的新书包是 ________ 颜色的？
   妈妈：是 ________ 的。

Building Vocabulary 扩展

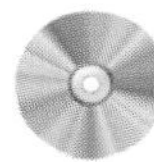

Listen to the CD and then repeat the words.
听录音，并跟读下列词语。

Words Expansion 扩展词汇

蓝色 lánsè blue		
黄色 huángsè yellow		
白色 báisè white	粉色 fěnsè pink	灰色 huīsè grey

Class activity. **Find the color. The teacher or a student says out a color and the rest of the class compete to touch that color.**
全班活动。找颜色。老师或一个学生说出一种颜色，其他学生快速地摸到这种颜色，看谁最快。

Listening 听力

Listen to the CD and repeat.
听录音，并跟读下列音节。

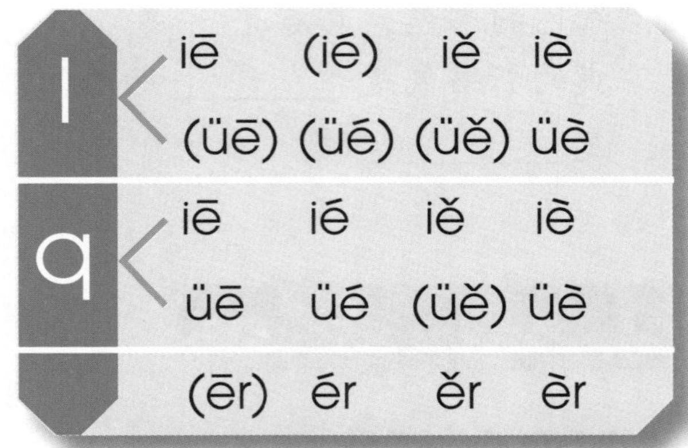

l	iē	(ié)	iě	iè
	(üē)	(üé)	(üě)	üè
q	iē	ié	iě	iè
	üē	üé	(üě)	üè
	(ēr)	ér	ěr	èr

Listen to the CD and then circle the syllables you've heard.
听录音，在听到的拼音上画圈。

1.	iē	üé	ēr	āi
2.	ēr	ér	ěr	èr
3.	liè	niè	lüè	nüè
4.	tiē	tié	tiě	tiè
5.	juē	jué	juě	juè
6.	yuē	yué	yuě	yuè

Listen to the CD and then choose the correct answers.
听录音，然后选择正确答案。

Chinese Characters 汉字

Make sentences with the given words, then type them out and compare with your partner.
连词成句，然后用电脑把句子打出来与同伴比较一下。

1. 朋友 的 李明 什么 姓 好
2. 妹妹 孙丽 大 的 多
3. 钱包 哪儿 的 在 大卫
4. 什么 是 手机 颜色 的 海伦 的

Learn to write.
学写汉字。

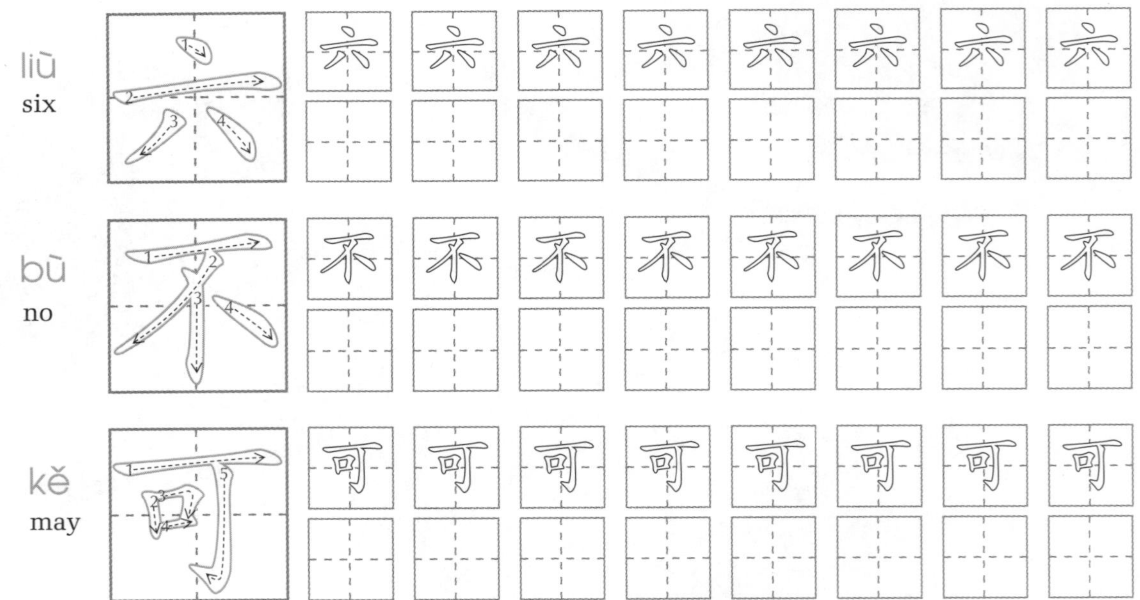

Lesson 8

Animals

动 物

dòngwù

Objectives
学习目标

In this Lesson, you'll learn how to:

- talk about your favorite animals;
- use abbreviated questions with the particle word "呢".

在本课，你应学会：

1. 谈论自己喜欢的动物；
2. 用"呢"构成的省略式问句。

Lesson 8

Warm-up 热身

Listen to the CD and repeat the names of the following animals. Then tell your partner which animal you like best.

听录音，跟读下列动物的名称。然后和同伴说说你最喜欢哪种动物。

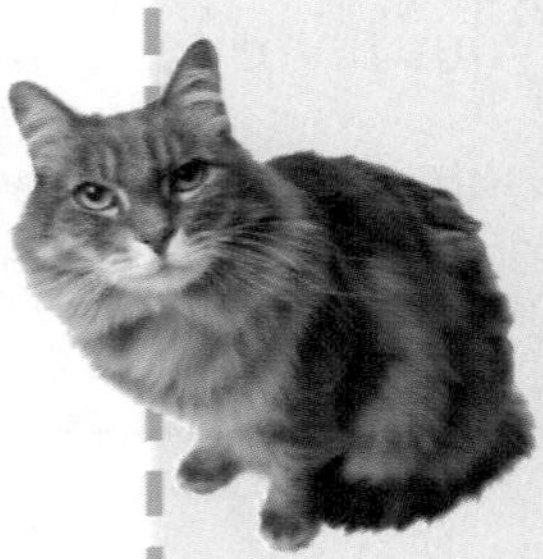

猫
māo

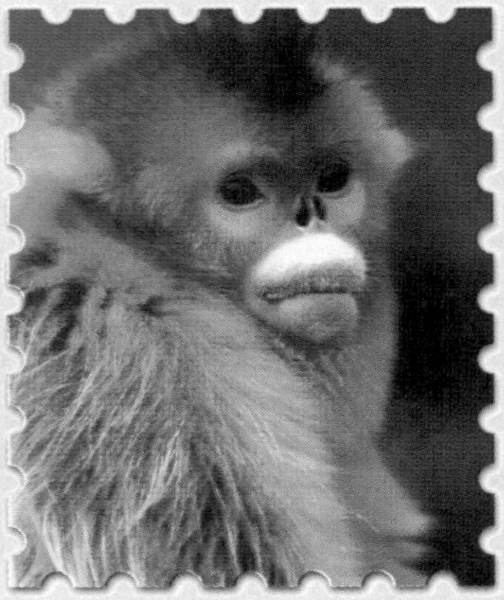

猴子
hóuzi

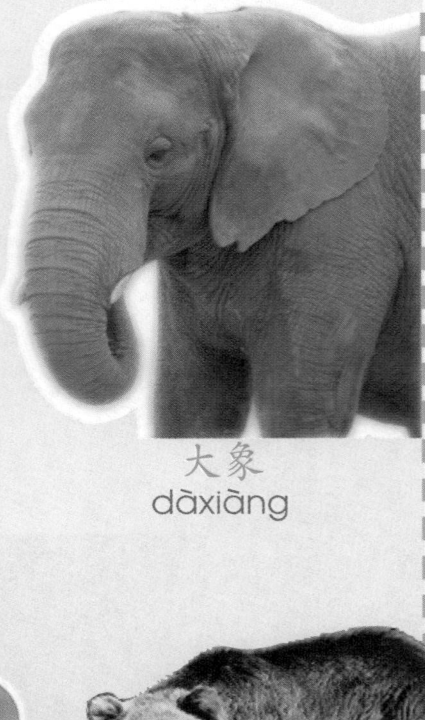

大象
dàxiàng

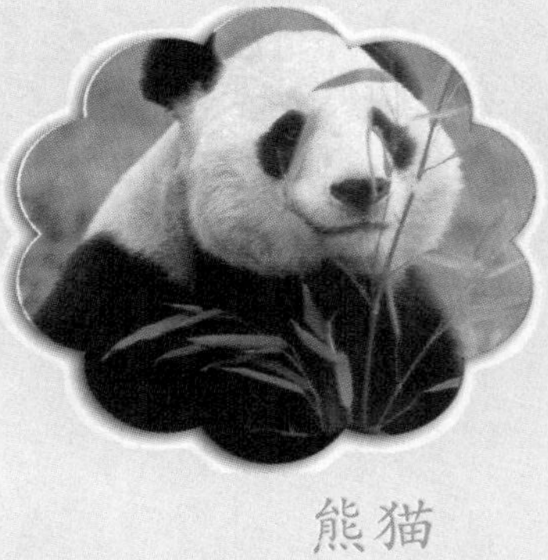

熊猫
xióngmāo

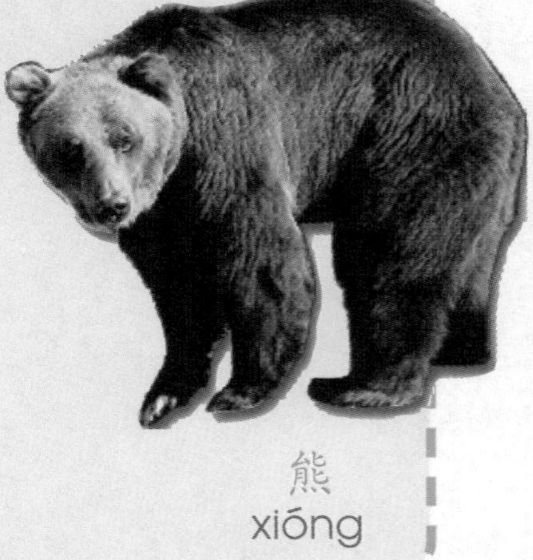

熊
xióng

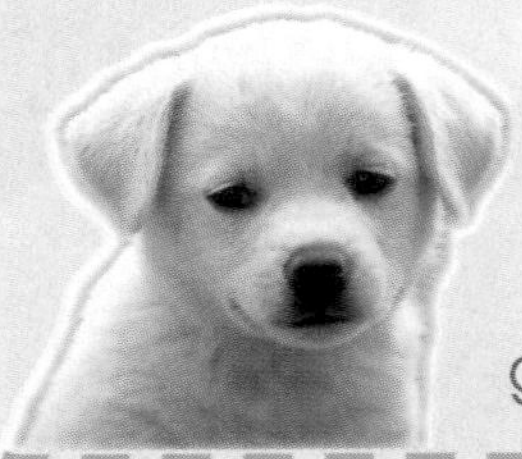

狗
gǒu

Presentation 表达

Listen to the CD and then practice the following conversation with your partner.
听录音，然后与同伴一起练习下列对话。

大卫：孙丽，这是你的猫吗？
Dàwèi: Sūn Lì, zhè shì nǐ de māo ma?

孙丽：对，是我的猫。你有宠物吗？
Sūn Lì: Duì, shì wǒ de māo. Nǐ yǒu chǒngwù ma?

大卫：有。
Dàwèi: Yǒu.

孙丽：也是猫吗？
Sūn Lì: Yě shì māo ma?

大卫：不是，是狗，我喜欢狗。
Dàwèi: Bú shì, shì gǒu, wǒ xǐhuan gǒu.

孙丽：它叫什么名字？
Sūn Lì: Tā jiào shénme míngzi?

大卫：它叫小白。
Dàwèi: Tā jiào Xiǎobái.

孙丽：它几岁？
Sūn Lì: Tā jǐ suì?

大卫：三岁。
Dàwèi: Sān suì.

New Words 生词

猫	māo	cat
对	duì	yes
有	yǒu	have
宠物	chǒngwù	pet
喜欢	xǐhuan	like
狗	gǒu	dog
它	tā	it
几	jǐ	how

Pair work. Complete the sentences with animal names, and then talk about them with your partner.
两人活动。请根据实际情况填写动物名称，并跟同伴进行交流。

1. 我喜欢 ________。
2. 我爸爸喜欢 ________。
3. 我妈妈喜欢 ________。
4. 我好朋友喜欢 ________。

Building Vocabulary 扩展

Listen to the CD and then practice the following conversations with your partner.
听录音，然后与同伴一起练习下列对话。

海伦：你 喜欢 动物 吗？
Hǎilún：Nǐ xǐhuan dòngwù ma?

大卫：喜欢。
Dàwèi：Xǐhuan.

海伦：你 喜欢 什么 动物？
Hǎilún：Nǐ xǐhuan shénme dòngwù?

大卫：我 喜欢 熊猫。你 呢？
Dàwèi：Wǒ xǐhuan xióngmāo. Nǐ ne?

海伦：我 不 喜欢 熊猫，
Hǎilún：Wǒ bù xǐhuan xióngmāo,

我 喜欢 熊。
wǒ xǐhuan xióng.

海伦： 你 有 宠物 吗？
Hǎilún: Nǐ yǒu chǒngwù ma?

李 明： 没有。你 呢？
Lǐ Míng: Méiyǒu. Nǐ ne?

海伦： 我 有。
Hǎilún: Wǒ yǒu.

李 明： 是 狗 吗？
Lǐ Míng: Shì gǒu ma?

海伦： 不是。我 不 喜欢 狗，我 喜欢 猫。
Hǎilún: Bú shì. Wǒ bù xǐhuan gǒu, wǒ xǐhuan māo.

Words Expansion 扩展词汇

汉字	Pinyin	English
动物	dòngwù	animal
熊猫	xióngmāo	panda
呢	ne	(particle word)
熊	xióng	bear
没有	méiyǒu	no

Class activity. Each student chooses one animal from the following, and then acts it out for others to guess.

全班活动。每人选择一种动物，并表演出来，让其他同学猜猜看。

Listening 听力

Listen to the CD and repeat.
听录音，并跟读下列音节。

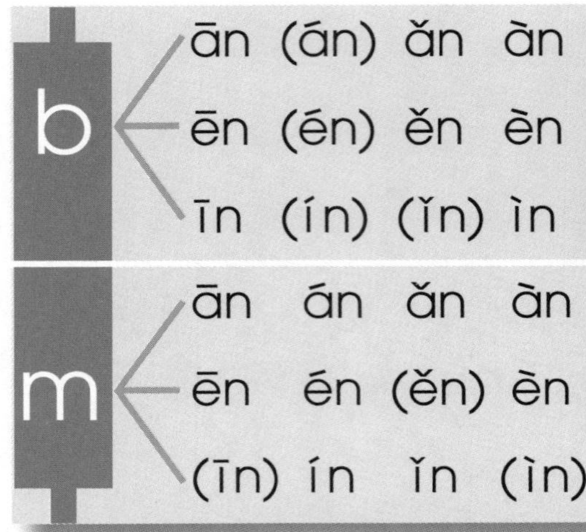

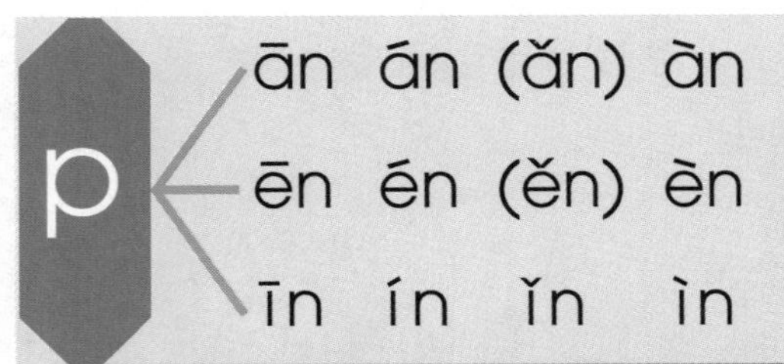

Listen to the CD and then circle the syllables you've heard.
听录音，在听到的拼音上画圈。

1. ai an en in
2. yīn yín yǐn yìn
3. dāo dáo dǎo dào
4. jīn qīn xīn līn
5. zhān chān shān rān
6. fěn gěn kěn hěn

Listen to the CD and then decide whether the following statements are True or False.
听录音，然后判断对错。

1. 爸爸喜欢狗。(　　)
2. 妈妈喜欢熊猫。(　　)

3. 我喜欢大象和猴子。（　　）
4. 姐姐喜欢猫。（　）
5. 哥哥喜欢熊。（　）

Chinese Characters 汉字

Translate the following sentences into Chinese, answer the questions, type both the question and answer out, and then compare with your partner.
将下列句子译成汉语，并作出回答，然后将问题和答案用电脑打出来，与同伴比较一下。

1. What's the name of Li Ming's younger sister?
2. Is Gao Shan's father a driver?
3. What's the color of Sun Li's new cell phone?
4. Does David have a pet? What is it?

Learn to write.
学写汉字。

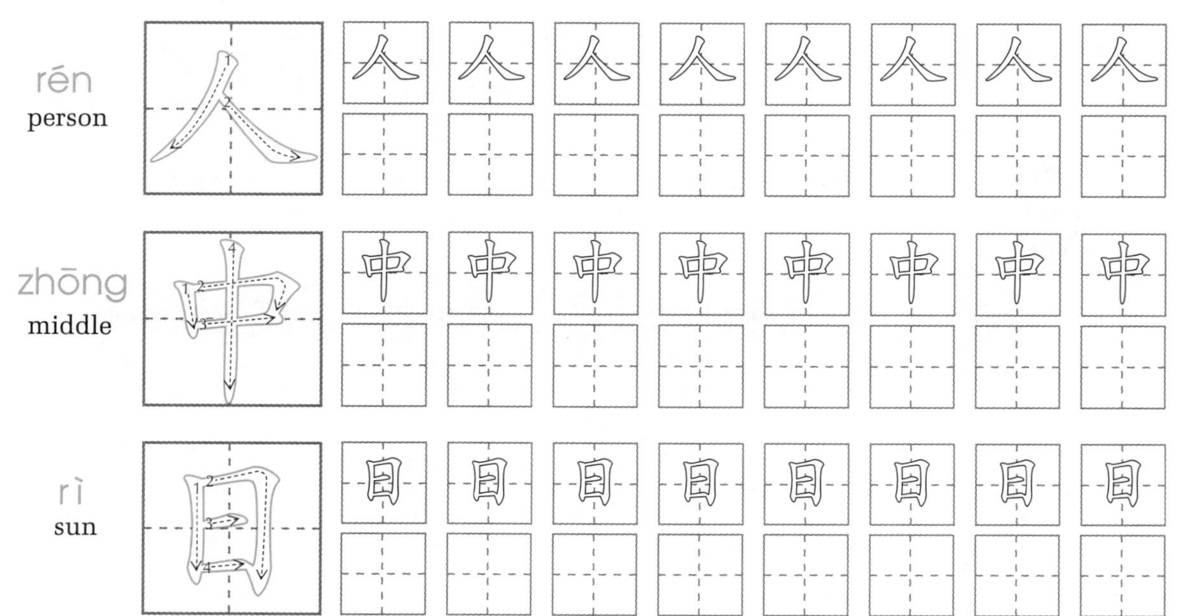

Review 4

Sentence Patterns
句型

我 / 他 / 妈妈 / 大卫	喜欢/不喜欢	猫。/ 狗。/ 熊猫。/ 熊。

你的 / 他的 / 孙丽的	手机 / 电脑 / 手表	是什么颜色的？

我 / 她 / 爸爸	有/没有	宠物。/ 电脑。/ 手机。

Look at the picture and make a conversation with your partner.
看图跟同伴练习对话。

例： A：这是什么？
B：这是铅笔。

Ask 5—10 people about "pet", and then complete the survey form.
就"宠物"问题调查5—10人，然后完成下面的调查表。

编号	姓名	你有宠物吗？	什么宠物？	它叫什么名字？	它几岁？
1	大卫	有	狗	小白	三岁
2					
3					
4					
5					
……					

Lesson 9

Friends

朋友

pěngyou

Objectives
学习目标

In this Lesson, you'll learn how to:

- describe people's physical appearance;
- use "很" and "都".

在本课，你应学会：

1. 描述人的外部特征；
2. "很"和"都"的用法。

Warm-up 热身

1. Listen to the CD and repeat the words. Then use them to describe your friends.
听录音，跟读下列词语，并用这些词语向同伴描述你的朋友。

高 gāo

胖 pàng

瘦 shòu

漂亮 piàoliang

帅 shuài

酷 kù

矮 ǎi

2. Class activity. **Share with the class who you consider the most beautiful, handsome and coolest.**
全班活动。说出你认为最漂亮、最帅、最酷的人。

 Presentation 表达

Listen to the CD and then practice the following conversations with your partner.
听录音，然后与同伴一起练习下列对话。

大卫： 好漂亮的照片，她是谁？
Dàwèi： Hǎo piàoliang de zhàopiàn, tā shì shuí?

玛丽： 她是我的朋友海伦。
Mǎlì： Tā shì wǒ de péngyou Hǎilún.

大卫： 她真酷。她是哪国人？
Dàwèi： Tā zhēn kù. Tā shì nǎ guó rén?

玛丽： 她是美国人。
Mǎlì： Tā shì Měiguó rén.

大卫： 她是高中生吗？
Dàwèi： Tā shì gāozhōngshēng ma?

玛丽： 不是，她是大学生。
Mǎlì： Bú shì, tā shì dàxuéshēng.

大卫： 玛丽，你有好朋友吗？
Dàwèi： Mǎlì, nǐ yǒu hǎo péngyou ma?

玛丽： 有啊。
Mǎlì： Yǒu a.

大卫： 谁是你的好朋友？
Dàwèi： Shuí shì nǐ de hǎo péngyou?

玛丽： 海伦是我的好朋友。
Mǎlì： Hǎilún shì wǒ de hǎo péngyou.

大卫：	海伦 漂亮 吗？
Dàwèi：	Hǎilún piàoliang ma?
玛丽：	很 漂亮。
Mǎlì：	Hěn piàoliang.

New Words 生词

酷	kù	cool
国	guó	country
人	rén	people
美国人	Měiguó rén	American
高中生	gāozhōngshēng	high school student
大学生	dàxuéshēng	college student
啊	ā	(particle word)
很	hěn	very

Pair work. Take turns asking each other questions about his/her best friend. Use the questions below.
两人活动。用下面的句型，互相询问对方好朋友的情况。

1. 你的好朋友叫什么名字？
2. 他/她多大？
3. 他/她是哪国人？
4. 他/她高/矮/胖/瘦吗？
5. 他/她喜欢什么动物/颜色？

Building Vocabulary 扩展

Read the following paragraph. Then answer the questions below.
阅读下面一段话，然后回答问题。

大卫和 汤姆 是 我 的 好 朋友。 大卫 十五 岁，
Dàwèi hé Tāngmǔ shì wǒ de hǎo péngyou. Dàwèi shíwǔ suì,

他 很 高，喜欢 打 篮球； 汤姆 十六 岁，很 胖，喜欢
tā hěn gāo, xǐhuan dǎ lánqiú; Tāngmǔ shíliù suì, hěn pàng, xǐhuan

吃 零食； 我 也 十六 岁，不 高 也 不 胖。 我们 都 是
chī língshí; wǒ yě shíliù suì, bù gāo yě bú pàng. Wǒmen dōu shì

高中生。
gāozhōngshēng.

1. 谁是“我”的好朋友？
2. 大卫多大？汤姆多大？
3. 汤姆喜欢吃什么？
4. “我们”是大学生吗？

Words Expansion 扩展词汇

汉字	Pinyin	English
和	hé	and
高	gāo	tall
打	dǎ	play
篮球	lánqiú	basketball
胖	pàng	fat
吃	chī	eat
零食	língshí	snack
都	dōu	all

Pair work. Write down the names of three people you know on a piece of paper. Exchange the list with your partner. Ask questions about the three people on your partner's list.
两人活动。在一张纸上写出三个人的名字，并与同伴交换。然后就同伴写出的名字进行提问。

例：

孙丽
大卫
海伦

A: 谁是孙丽？
B: ________________
A: 她有宠物吗？
B: ________________
A: 她喜欢绿色吗？
……

Listening 听力

Listen to the CD and repeat.
听录音，并跟读下列音节。

d: āng (áng) ǎng àng
ēng (éng) ěng èng
īng (íng) ǐng ìng
ōng (óng) ǒng òng

l: āng áng ǎng àng
ēng éng ěng èng
(īng) íng ǐng ìng
ōng óng ǒng òng

Listen to the CD and then circle the syllables you've heard.
听录音，在听到的拼音上画圈。

1. āng áng ǎng àng
2. ēng éng ěng èng
3. īng íng ǐng ìng
4. ōng óng ǒng òng
5. tāng táng tǎng tàng
6. tēng téng těng tèng
7. tīng tíng tǐng tìng
8. tōng tóng tǒng tòng

Listen to the CD and then write each of the three names (Alice, Ben or Martin) under the correct picture. One picture is extra.
听录音，然后将人物的名字(Alice、Ben、Martin)写在正确的图片下面。有一幅图片是多余的。

Chinese Characters 汉字

Rewrite the "Presentation" of Lesson 9, then type them out and give them to the teacher. Notice, your version should be different from the book.
改写第9课“表达”的内容，并用电脑打出来交给老师。注意，不要与“表达”一模一样。

Learn to write.
学写汉字。

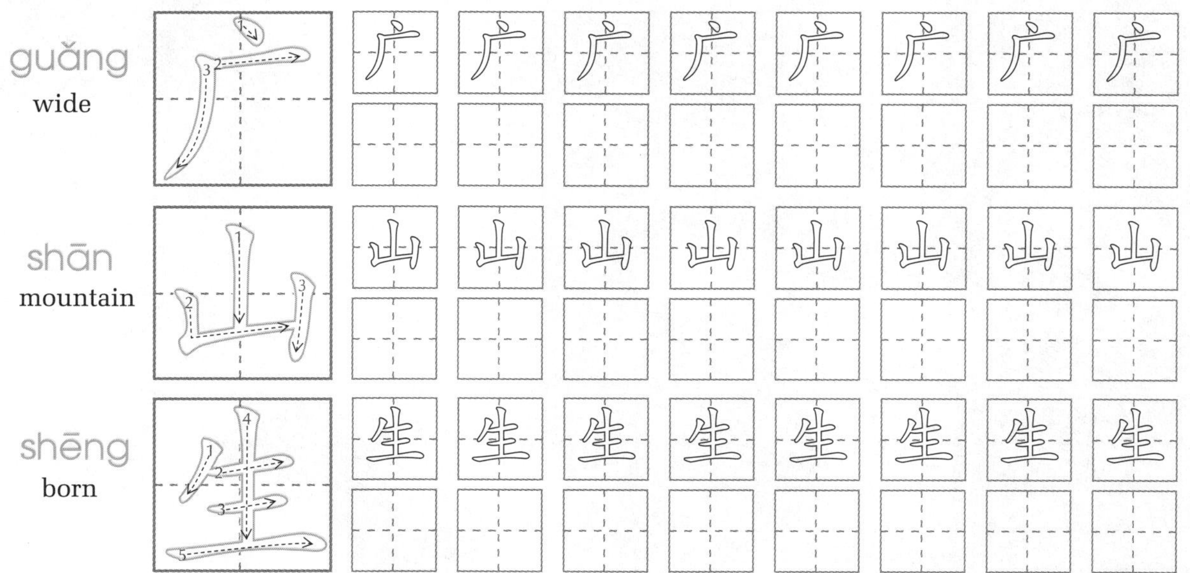

10 Lesson

Famous People

名人

míngrén

Objectives
学习目标

In this Lesson, you'll learn how to:

- talk about your favorite people or celebrities;
- express likes and dislikes.

在本课，你应学会：

1. 谈论喜欢的人或明星；
2. 表达自己的好恶。

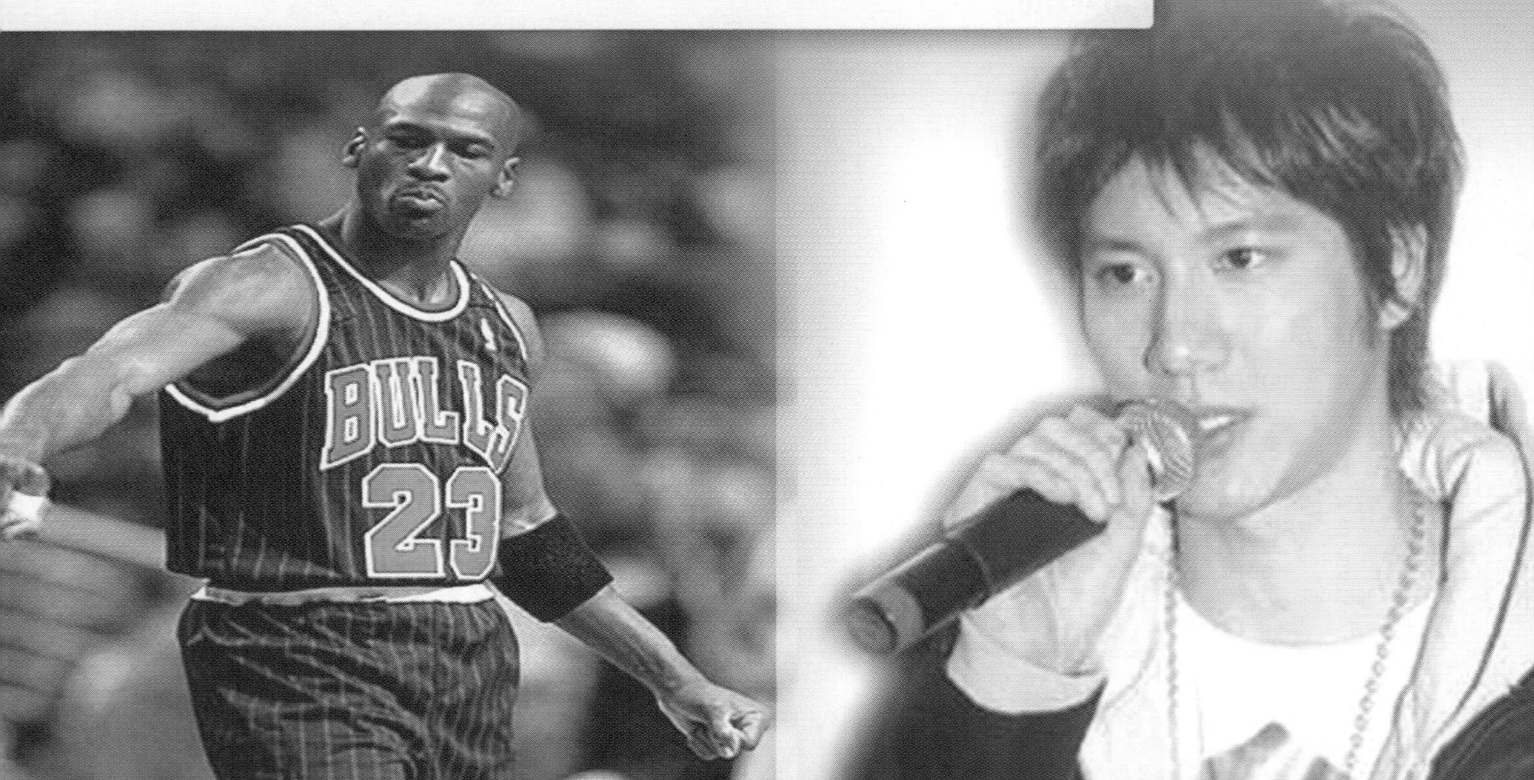

Warm-up 热身

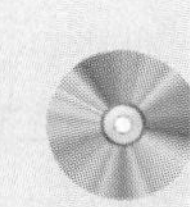

Listen to the CD and repeat the words. Then match the people below with their professions. Write the letters a–f in the correct box.

听录音，跟读下列词语，然后与同伴讨论并确定下列人物的身份，将答案a—f填入相应的方框中。

a. 演　员 yǎnyuán actor

b. 科学家 kēxuéjiā scientist

c. 运动员 yùndòngyuán athlete

d. 作曲家 zuòqǔjiā composer

e. 歌　星 gēxīng singer

f. 画　家 huàjiā artist

贝多芬 Bèiduōfēn ☐

爱因斯坦 Àiyīnsītǎn ☐

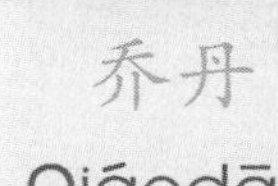

乔丹 Qiáodān ☐

毕加索 Bìjiāsuǒ ☐

成　龙 Chéng Lóng ☐

艾薇儿 Àiwēi'ér ☐

Presentation 表达

Listen to the CD and then practice the following conversations with your partner.
听录音，然后与同伴一起练习下列对话。

大卫： 你 喜欢 看 电影 吗？
Dàwèi: Nǐ xǐhuan kàn diànyǐng ma?

孙丽： 非常 喜欢。
Sūn Lì: Fēicháng xǐhuan.

大卫： 你 喜欢 看 谁 的 电影？
Dàwèi: Nǐ xǐhuan kàn shuí de diànyǐng?

孙丽： 成 龙 的 电影。
Sūn Lì: Chéng Lóng de diànyǐng.

大卫： 他 很 帅，他 的 电影 都 很 棒，
Dàwèi: Tā hěn shuài, tā de diànyǐng dōu hěn bàng,

我 也 很 喜欢 他。
wǒ yě hěn xǐhuan tā.

孙丽： 这 是 哪儿？
Sūn Lì: Zhè shì nǎr?

大卫： 这 是 白宫， 总统 的 家。
Dàwèi: Zhè shì Báigōng, zǒngtǒng de jiā.

孙丽： 你们 的 总统 叫 什么 名字？
Sūn Lì: Nǐmen de zǒngtǒng jiào shénme míngzi?

大卫：他 叫 奥巴马。
Dàwèi: Tā jiào Àobāmǎ.

孙丽：你 喜欢 奥巴马 总统 吗？
Sūn Lì: Nǐ xǐhuan Àobāmǎ zǒngtǒng ma?

大卫：我 非常 喜欢 他，但 有人 不 喜欢 他。
Dàwèi: Wǒ fēicháng xǐhuan tā, dàn yǒurén bù xǐhuan tā.

New Words 生词

看	kàn	look
电影	diànyǐng	film
非常	fēicháng	very
帅	shuài	handsome
棒	bàng	wonderful
白宫	Báigōng	White House
总统	zǒngtǒng	president
但	dàn	but
有人	yǒurén	some people

Pair work. **Put the words in the correct order to make sentences. Then compare your answers with your partner's.**
两人活动。将下列词语连成句子，并与同伴进行比较。

1. 篮球　喜欢　打　吗　你
2. 我　妈妈　爱　我　也　妈妈　爱
3. 哪儿　家　在　的　总统
4. 漂亮　她　棒　很　的　电影　很　奥黛丽·赫本

Building Vocabulary 扩展

Listen to the CD and then practice the following conversation with your partner.
听录音，然后与同伴一起练习下列对话。

Words Expansion 扩展词汇

知道 zhīdào know
著名 zhùmíng famous
演员 yǎnyuán actor
幽默 yōumò humorous
有意思 yǒuyìsi interesting
还 hái still

玛丽：你　知道　卓别林　吗？
Mǎlì: Nǐ zhīdào Zhuóbiélín ma?

大卫：知道。他是　著名　的　电影　演员。
Dàwèi: Zhīdào. Tā shì zhùmíng de diànyǐng yǎnyuán.

玛丽：你　喜欢　他的　电影　吗？
Mǎlì: Nǐ xǐhuan tā de diànyǐng ma?

大卫：喜欢。他　非常　幽默，他的　电影《摩登　时代》很有意思。
Dàwèi: Xǐhuan. Tā fēicháng yōumò, tā de diànyǐng "Módēng Shídài" hěn yǒuyìsi.

玛丽：我　也　喜欢《摩登　时代》，我　还　喜欢《大　独裁　者》。
Mǎlì: Wǒ yě xǐhuan "Módēng Shídài", wǒ hái xǐhuan "Dà Dúcái Zhě".

Class activity. **Write down the names of your favorite celebrities. Then talk about them with your partner.**
全班活动。写出几个你喜欢的著名人物的名字，然后向同伴介绍他们。

演员		科学家	
歌星		运动员	
作曲家		画家	

例：________ 是著名的 ________。他/她非常 ________。

Listening 听力

Listen to the CD and repeat.
听录音，并跟读下列音节。

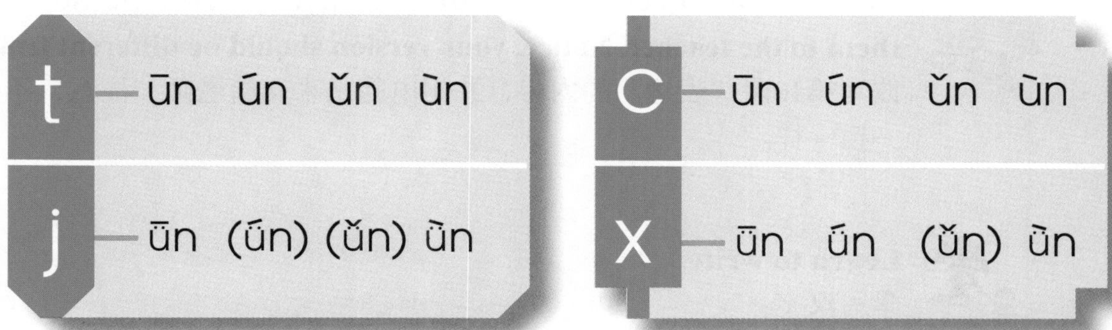

Listen to the CD and then circle the syllables you've heard.
听录音，在听到的拼音上画圈。

1. tūn tún tǔn tùn
2. jūn qūn xūn yūn
3. dūn cún lún xùn
4. xūn xún xǔn xùn
5. zhūn chūn shùn rūn
6. zūn cún sǔn yún

Listen to the CD and then number the following pictures according to what you've heard.
听录音，然后给下列人物排序。

Chinese Characters 汉字

Rewrite the "Presentation" of Lesson 10, then type them out and give them to the teacher. Notice, your version should be different from the book.
改写第10课“表达”的内容，并用电脑出来交给老师。注意，不要与“表达”一模一样。

Learn to write.
学写汉字。

Sentence Patterns
句型

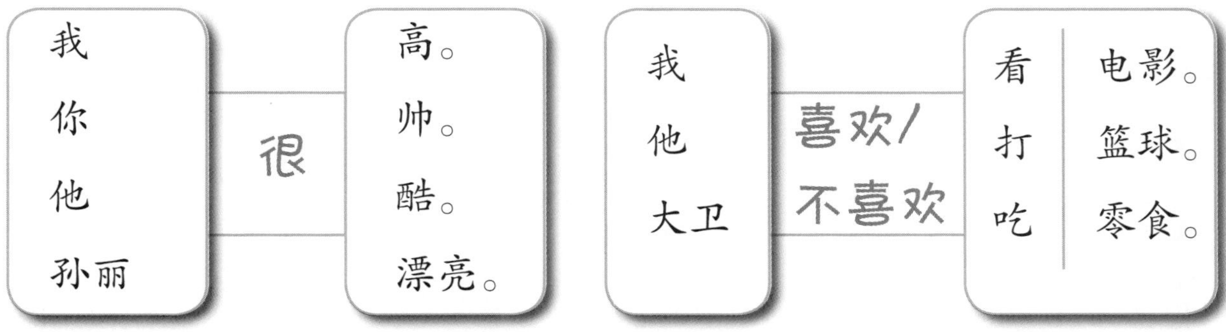

Collect information about two famous people after class and make your findings into cards. Tell your classmates in the next class. You can find information in the library, online, or by asking your parents.
课后收集两位名人的资料，并做成卡片，下次上课的时候给同学们讲一讲。你可以去图书馆查资料、上网或问家长等等。

词汇表

cíhuìbiǎo

A

* 阿姨	āyí	aunt	3
啊	ā	(particle word)	9

B

* 爸爸	bàba	father	5
白宫	Báigōng	White House	10
* 白色	báisè	white	7
棒	bàng	wonderful	10
鼻子	bízi	nose	6
不	bù	no	4

C

* 吃	chī	eat	9
宠物	chǒngwù	pet	8
* 床	chuáng	bed	6

D

* 打	dǎ	play	9
大家	dàjiā	everyone	3
但	dàn	but	10
大学生	dàxuéshēng	college student	9
的	de	(particle word)	3
* 灯	dēng	lamp	6
* 弟弟	dìdi	younger brother	2
电影	diànyǐng	film	10
* 动物	dòngwù	animal	8
* 都	dōu	all	9
对	duì	yes	8
多大	duō dà	how old	5

F

* 房间	fángjiān	room	6

* 为扩展词汇

非常	fēicháng	very	10
* 粉色	fěnsè	pink	7

G

* 高	gāo	tall	9
高中生	gāozhōngshēng	high school student	9
* 哥哥	gēge	older brother	5
狗	gǒu	dog	8
贵姓	guìxìng	(the polite form of asking for a person's surname)	2
国	guó	country	9

H

* 汉语	Hànyǔ	Chinese	4
好	hǎo	good	1
* 和	hé	and	9
黑色	hēisè	black	7
很	hěn	very	9
红色	hóngsè	red	7
* 护士	hùshi	nurse	5
* 欢迎	huānyíng	welcome	3
* 还	hái	still	10
* 黄色	huángsè	yellow	7
* 灰色	huīsè	grey	7

J

几	jǐ	how	8
* 家	jiā	family	5
叫	jiào	(be) called, named	1
姐姐	jiějie	older sister	5

K

看	kàn	look	10
酷	kù	cool	9

L

* 篮球	lánqiú	basketball	9
* 蓝色	lánsè	blue	7
* 老师	lǎoshī	teacher	2
* 零食	língshí	snack	9
绿色	lǜsè	green	7

M

* 妈妈	māma	mother	3
吗	ma	(a question particle)	4
猫	māo	cat	8
美国人	Měiguó rén	American	9
* 没有	méiyǒu	no	8
* 妹妹	mèimei	younger sister	2
名字	míngzi	name	2

N

哪儿	nǎr	where	6
那	nà	that	4
* 那些	nàxiē	those	4
* 呢	ne	(particle word)	8
你	nǐ	you	1
* 你们	nǐmen	you (plural form)	1
年轻	niánqīng	young	5
您	nín	you (a polite form)	2

P

旁边	pángbiān	beside	6
* 胖	pàng	fat	9
* 朋友	péngyou	friend	3
漂亮	piàoliang	beautiful	7

Q

铅笔	qiānbǐ	pencil	4
钱包	qiánbāo	purse	6

R

人	rén	people	9

S

沙发	shāfā	sofa	6
上面	shàngmian	on	6
什么	shénme	what	2
是	shì	be	3
手机	shǒujī	cell phone	4
* 书	shū	book	4
* 书柜	shūguì	bookcase	6
* 叔叔	shūshu	uncle	5
帅	shuài	handsome	10
谁	shuí	who	5
* 司机	sījī	driver	5
岁	suì	age	5

T

* 他	tā	he, him	1
* 她	tā	she, her	2
它	tā	it	8
同学	tóngxué	classmate	3
同学们	tóngxuémen	classmates	3

W

* 晚上	wǎnshang	evening	1
我	wǒ	I, me	1
* 我们	wǒmen	we, us	3

X

喜欢	xǐhuan	like	8
下面	xiàmian	under	6
* 下午	xiàwǔ	afternoon	1
* 小学	xiǎoxué	elementary school	3
新	xīn	new	3
姓	xìng	surname	2

* 熊	xióng	bear	8
* 熊猫	xióngmāo	panda	8
* 学生	xuésheng	student	5

Y

颜色	yánsè	color	7
眼镜	yǎnjìng	glasses	6
* 演员	yǎnyuán	actor	10
* 也	yě	too	4
* 医生	yīshēng	doctor	5
椅子	yǐzi	chair	6
* 幽默	yōumò	humorous	10
有	yǒu	have	8
有人	yǒurén	some people	10
* 有意思	yǒuyìsi	interesting	10
* 右边	yòubian	right	6
钥匙	yàoshi	key	6

Z

在	zài	at	6
* 早上	zǎoshang	morning	1
* 照片	zhàopiàn	photo	5
这	zhè	this	4
这儿	zhèr	here	7
* 这些	zhèxiē	these	4
真	zhēn	really	5
* 知道	zhīdào	know	10
* 著名	zhùmíng	famous	10
桌子	zhuōzi	desk	6
字典	zìdiǎn	dictionary	4
总统	zǒngtǒng	president	10
* 左边	zuǒbian	left	6

郑重声明

图书在版编目（CIP）数据

体验汉语高中学生用书．第1册／国际语言研究与发展中心．—北京：高等教育出版社，2008.6（2009重印）
ISBN 978-7-04-022259-3

Ⅰ．体… Ⅱ．国… Ⅲ．汉语－对外汉语教学－教材
Ⅳ．H195.4

中国版本图书馆CIP数据核字（2008）第075021号

策划编辑 徐群森 **责任编辑** 金飞飞 **责任印制** 朱学忠

出版发行	高等教育出版社	**购书热线**	010－58581350
社　　址	北京市西城区德外大街4号	**免费咨询**	800－810－0598
邮政编码	100120	**网　　址**	http://www.chinesexp.com.cn
总　　机	010－58581000		http://www.hep.com.cn
		网上订购	http://www.chinesexp.com.cn
经　　销	蓝色畅想图书发行有限公司		http://www.landraco.com
印　　刷	北京佳信达欣艺术印刷有限公司	**畅想教育**	http://www.widedu.com
开　　本	889×1194　1/16		
印　　张	7	**版　　次**	2008年6月第1版
字　　数	200 000	**印　　次**	2009年4月第2次印刷

本书如有印装等质量问题，请到所购图书销售部门调换。

ISBN 978-7-04-022259-3

物 料 号　22259-00